Joachim Mayer

Der schattige

Garten

Inhalt

Schatten im Garten: Ärgernis oder Bereicherung?

Imposante Farnwedel, dekorative Funkien, dazwischen allerlei filigranes Blattwerk, silbern überhaucht, von Blüten in zarten Pastelltönen durchwirkt – Anblicke dieser Art lassen wohl jedes Gärtnerherz höher schlagen. Und sicherlich haben solche auf Schattenplätze geeichte Pflanzengesellschaften eine ganz eigene Anmutung, schaffen eine außerordentlich reizvolle Atmosphäre. In England z.B., wo man in der Gartengestaltung schon immer ein Faible für Spezielles und nicht ganz Alltägliches hegte, wurden Partien dieser Art zur hohen Kunst entwickelt.

Seit einiger Zeit werben auch hierzulande Gartenzeitschriften und -bücher für den besonderen Charme schattiger Pflanzplätze. Staudengärtnereien und Pflanzenversender haben sich auf diesen „leisen" Trend eingestellt und bieten eine zunehmende Zahl von Schattenspezialisten an. Waren früher der Sonne entzogene Ecken häufig Orte gärtnerischer Verlegenheitslösungen, mit immer denselben Farnen bestückt, ist heute Vielfalt angesagt. Wer Freude an der Ausgestaltung schattiger Winkel hat, kann aufgrund des reichhaltigen Angebotes alle Register ziehen. Tatsächlich mag sich mancher so für diese Gruppe von Gewächsen erwärmen, daß er eigens Schattenplätze für sie anlegt.

Schattenfrust, Schattenlust

Im wirklichen Gärtnerleben sieht das Ganze jedoch meist etwas anders aus. Die Beschattung von Gartenteilen ergibt sich in der Regel von selbst – vorzugsweise dort, wo man sie eigentlich gar nicht brauchen kann. Der Rasen wächst spärlich und vermoost, mühevoll angelegte Rabatten verweigern die erhoffte Blütenfülle, wenn Bäume und Sträucher im Lauf der Zeit zu Schattenwerfern heranwachsen. Mit dem Anbau von Gemüse oder Obst wird man auf dunklen Flächen erst recht wenig Freude haben.

Bei durchschnittlich 400 m² Gartenfläche – mit Tendenz zu immer kleineren Grundstücken – wird der Platz an der Sonne schnell rar. Die Anlage größerer Schattenareale ist demnach eher ein Unterfangen für besondere Liebhaber dieser „Stilrichtung" beziehungsweise für Besitzer großer

Zarte Sonnenstrahlen, die durchs Blätterdach dringen: Das reicht Anemone und Eisenhut, um Schattenplätze zu verzaubern

Gärten. Meist geht es doch eher darum, aus den unvermeidlichen Schattenpartien das Beste zu machen.

Und dafür gibt es tatsächlich eine ganze Menge Möglichkeiten. Fast alle beliebten Gartenbereiche und -elemente lassen sich, dank der Vielzahl geeigneter Pflanzen, in „Schattenversionen" anlegen. Große Abstriche muß man eigentlich nur beim Nutzpflanzenanbau machen sowie bei Vorlieben für ganz bestimmte sonnenliebende Zierpflanzen, wie etwa Rosen oder Rittersporne.

Der Verdruß über solche Einschränkungen legt sich schnell, wenn man sich mit den „Schattenkünstlern" vertraut macht, die gerade unter den Stauden sehr zahlreich sind. Das Angebot erstreckt sich von eindrucksvollen Pflanzen für die Einzelstellung über herrliche Blütenstauden bis hin zu dekorativen Blattschmuckgewächsen, wie man sie unter Sonnenpflanzen kaum findet. Dabei sind diese Gewächse oft noch anspruchsloser und pflegeleichter als viele sonnenliebende Prachtstauden.

Schattenseiten der Sonne

Schließlich sollte man bedenken, daß der Anblick eines nur sonnigen Gartens ziemlich langweilig sein kann – ähnlich wie ein an einem Sommertag gemachtes Foto, dem die Tiefenschärfe fehlt, oder ein Gemälde, das nur in bunten, hellen Farben gehalten ist. Kontrast und Abwechslung sind auch bei der Gartengestaltung das Salz in der Suppe, und dazu gehört unweigerlich der Wechsel zwischen Sonnen- und Schattenpartien.

Eine der vielen Umweltsünden unserer Zeit fügt dem Thema Sonne/Schatten im Garten einen weiteren, brisanten Aspekt hinzu. Der jahrzehntelange Gebrauch von FCKW als Treibgas in Spraydosen und als

Kühlmittel hat dazu geführt, daß der angegriffene Ozongürtel die intensive UV-Strahlung der Sonne nicht mehr hinreichend filtern kann. Die Folge – erhöhte Hautkrebsgefahr – ist bekannt, längerer Aufenthalt in der prallen Sonne wird zum höchst zweifelhaften Vergnügen. Möglicherweise kann die verstärkte, veränderte UV-Strahlung zudem das Pflanzenwachstum beeinträchtigen. Jedenfalls läßt auch dieser Punkt beschattete Partien in einem anderen Licht erscheinen. Der Verzicht auf die Sonnenterrasse oder den vollsonnigen Sitzplatz wird einem zwangsläufig leicht gemacht.

Fazit: Vieles spricht dafür, Schatten im Garten nicht grundsätzlich als „Standortnachteil" anzusehen. Wo er ganz fehlt, sollte man sogar versuchen, ihn gezielt einzusetzen. Wo er ungebeten auftritt, kann man damit leben. Wie – dazu will dieses Buch einige Tips und Anregungen geben.

Immer beliebter: der lauschige Sitzplatz im Schatten

Ohne Licht geht nichts

Ein Leben im Halbdämmerlicht oder gar in völliger Dunkelheit – wohl für jeden Menschen eine grausame Vorstellung. Doch prinzipiell, das heißt rein biologisch, wäre das eine Zeitlang möglich. Auch Tiere können notfalls bei Lichtabwesenheit existieren, manche bevorzugen sogar eine solche Lebensweise; man denke nur an die nützlichen Kleintiere im Gartenboden oder auch an die weniger geschätzte Wühlmaus, die sich mit Vorliebe in ihren dunklen Gängen aufhält.

Ganz anders sieht das bei den Pflanzen aus: Ohne Licht geht bei ihnen im wahrsten Sinne des Wortes überhaupt nichts. Bei völliger Dunkelheit sterben die allermeisten Pflanzen nach kurzer Zeit ab, auch wenn man sie ansonsten optimal versorgt. Nur Licht liefert der Pflanze die

Licht ist für fast alle Pflanzen „Lebensquell": Sie brauchen dessen Energie, um zu wachsen und zu blühen

Energie, die sie für ihre lebensnotwendigen Stoffwechselprozesse braucht. Doch diese Lichtabhängigkeit der Pflanzen ist – aus anderem Blickwinkel betrachtet – Ausdruck einer einzigartigen Fähigkeit: Pflanzen sind in der Lage, Licht- beziehungsweise Strahlungsenergie aufzunehmen und in chemische Energie umzuwandeln; das heißt in die Energie, die benötigt wird, um Nährstoffe umzusetzen, um zu wachsen, zu blühen, zu fruchten.

Und von eben dieser besonderen Fähigkeit der Pflanzen profitieren alle anderen Lebewesen. Denn Menschen wie Tiere, aber auch die meisten Mikroorganismen, können ihren Energiebedarf nur über die Nahrung decken. Und die besteht nun mal entweder aus Pflanzen oder aus Produkten von Tieren, die sich wiederum von Pflanzen ernährt haben.

Pflanzen als Selbstversorger

Pflanzen bauen mit Hilfe des Sonnenlichts energiereiche Stoffe auf, die andere Lebewesen nur über die Nahrung aufnehmen können. Solche Stoffe oder Substanzen sind zunächst verschiedene Arten von Kohlenhydraten, wie Traubenzucker und Stärke. Aus deren Gerüst kann die Pflanze andere energiehaltige Verbindungen aufbauen, z.B. Eiweiße (Proteine) oder Fette, sowie in über die Wurzeln aufgenommene Nährstoffe einbauen. Auch für den weiteren Auf- und Umbau dieser lebenswichtigen Stoffe wird die mittels Licht gewonnene Energie benötigt.

Pflanzliche Meisterleistung: Photosynthese

Die Kohlenhydrate heißen so, weil das Element Kohlenstoff (C) ihren zentralen Baustein bildet; der Zusatz „Hydrate" weist darauf hin, daß Wasser mit im Spiel ist. Tatsächlich braucht die Pflanze nur Wasser (H_2O) und Kohlendioxid (CO_2), um Kohlenhydrate „herzustellen". Wie das etwa aussieht, zeigt die folgende chemische Gleichung, bei deren Anblick vielleicht Erinnerungen an den Schulunterricht wachwerden:

$$6\ CO_2 + 12\ H_2O \xrightarrow{\text{Energie}} C_6H_{12}O_6 + 6\ O_2 + 6\ H_2O$$

Kohlendioxid Wasser Kohlenhydrat Sauerstoff Wasser (Traubenzucker)

Die Zahlen vor den chemischen Kürzeln bedeuten die jeweiligen Anteile; O_2 steht für Sauerstoffgas, das bei diesem Vorgang quasi übrigbleibt, in die Luft entweicht und deren Sauerstoffgehalt aufrechterhält.

Entscheidend ist hier das Wörtchen „Energie" über dem Pfeil, ohne die der Prozeß nicht ablaufen könnte. Und diese Energie „holt" sich die Pflanze – mit Hilfe des Blattgrüns, des sogenannten **Chlorophylls** – vom Sonnenlicht. Das kann natürlich nur tagsüber geschehen, und nur am Tag gibt die Pflanze Sauerstoff ab. Die eigentliche „Einverleibung" des Kohlenstoffs, die sogenannte CO_2-Assimilation,

Auch wenn die Blätter der Blutbuche fast schwarz erscheinen, enthalten sie doch genügend Chlorophyll für den Stoffwechsel

ist – dank komplexer Energieumsetzungen und -speicherung – auch im Dunkeln möglich. Da jedoch das Ganze nicht ohne Licht ablaufen kann, nennt man den Prozeß **Photosynthese** (von griechisch „photos" = Licht).

So schafft sich die Pflanze selbst die Baustoffe für das Wachstum ihrer Bestandteile, von den Wurzeln über die Blätter bis zu den Blüten und Früchten; außerdem die „Betriebsmittel" für alle Lebensvorgänge, z.B. für die Wasser- und Nährstoffaufnahme. Dabei sind, um im Bild zu bleiben, die Blätter ihre Kraftwerke, die die Antriebsenergie des Sonnenlichts nutzen.

Sie sind grün ...

Die Photosynthese spielt sich in allen grünen Pflanzenteilen, besonders in den Blättern, ab. Der grüne Pflanzenfarbstoff, das Chlorophyll, setzt sich aus verschiedenen Pigmenten (Farbstoffträgern) zusammen, die in der Lage sind, Licht aufzunehmen und dessen Energie umzusetzen beziehungsweise so weiterzuleiten, daß schließlich Kohlenhydrate aufgebaut werden können.

Nimmt man es ganz genau, muß man hinzufügen, daß nur die **grünen** Pflanzen zur Photosynthese befähigt sind. Denn zum Pflanzenreich zählen auch „niedrigere Formen" wie Algen und Bakterien, die teilweise überhaupt keine grünen Farbstoffe enthalten.

Auch unter unseren Gartenpflanzen gibt es „Nichtgrüne", z.B. rotlaubige Sorten und Arten wie die Bluthasel. In ihren Blättern findet sich jedoch genügend Chlorophyll, es wird nur von roten Farbstoffen überlagert, die in der Blattoberhaut sitzen. Gelbe oder weiße Blattflecken, -ränder oder -streifen dagegen, wie man sie etwa von buntblättrigen Ahornsorten kennt, enthalten kein Chlorophyll. Hier müssen die grünen Laubpartien allein die ganze Photosynthese-Arbeit leisten.

Drastischen Anschauungsunterricht über die Bedeutung des Blattwerks erhält man, wenn sich Schädlinge am Laub einer Pflanze gütlich tun oder wenn z.B. Rußtaupilze Blätter mit einem schwärzlichen Belag überziehen. Kann die Pflanze die geschädigten Blätter nicht mehr hinreichend durch Neuaustrieb ersetzen, geht sie unweigerlich ein. Die Photosynthese in den übrigbleibenden Stengeln kann die Stoffproduktion des Laubs nicht ersetzen.

■ *Durch Bäume gefiltertes Licht erzeugt im Wald immer eine ganz besondere Stimmung*

Energiespender Sonne

Gesundes Blattwerk, genügend Kohlendioxid und Wasser vorausgesetzt, hängt der entscheidende Rest von der Sonne ab. Sie ist als Energielieferant gleich zweimal gefragt: Neben Licht braucht die Pflanze auch ein Mindestmaß an Wärme, um den ganzen Prozeß in Gang zu setzen, der – je nach Pflanzenart – zwischen ca. 15–25°C am besten läuft. Dabei schränken nicht nur zu tiefe, sondern auch zu hohe Temperaturen die Photosynthese beziehungsweise den Stoffaufbau der Pflanze ein.

Ins rechte Licht gerückt

Für die Temperatur sind die langwelligen Anteile der Sonnenstrahlen maßgeblich. Zwischen diesen Wärmestrahlen und den kurzwelligen UV-Strahlen liegt der Bereich des sichtbaren Lichts. Obwohl als mehr oder weniger weiß empfunden, ist es ein Gemisch aus Strahlungen verschiedener Farben. Wenn ein Teil des Lichtspektrums gefiltert wird, nimmt der Betrachter „buntes" Licht wahr, so z.B. das grüne Licht im sommerlich dichten Laubwald oder das bläuliche Licht im Schatten heller Mauern. Für die Photosynthese brauchen die Pflanzen in erster Linie die blauen und roten Lichtanteile.

Von der gesamten Sonnenbestrahlung gelangt nur gut die Hälfte – hauptsächlich in Form von Lichtstrahlen – auf die Erde. Der Rest wird bereits in der Atmosphäre mehrfach ab- und umgelenkt, z.B. durch Wolkenoberflächen, winzige Staubteilchen oder Wassertröpfchen. Das führt außerdem dazu, daß ein Teil des Lichts „auf Umwegen", als **zerstreute** oder **diffuse Strahlung** einfällt. Diese können die Pflanzen ebensogut für die Photosynthese nutzen wie das **direkte Sonnenlicht.** Treffen die Strahlen auf rauhe, unregelmäßige Flächen, werden sie ebenfalls in diffuses Licht umgewandelt. Der Erdboden und andere dunkle Flächen „schlucken" (absorbieren) schließlich die Lichtstrahlen und wandeln sie in langwellige Infrarot- beziehungsweise Wärmestrahlen um. Großflächige helle Körper, z.B. Gletscher, reflektieren dagegen das Licht und werfen einen Teil der Strahlen wieder in den Weltraum zurück.

Für den „Lichtgenuß" der Pflanze ist also letztendlich entscheidend, wieviel direktes und diffuses Sonnenlicht an ihrem Standort übrigbleibt. Schließlich sei noch angemerkt, daß die Pflanze Licht nicht nur als Energiequelle für die Photosynthese benötigt, sondern auch zur „Stimulation" pflanzeneigener Hormone, die den Wachstumsablauf, die Blühwilligkeit oder bei den sogenannten Lichtkeimern auch den Samenaufgang steuern.

Licht: Nachfrage und Angebot

Stellt sich die Frage: Wieviel Licht braucht eine Pflanze eigentlich, um überhaupt zu gedeihen? Die Wissenschaft antwortet in der Maßeinheit Lux, mit der man die **Beleuchtungsstärke,** gemessen mit einem Photometer, angibt: Etwa 500 Lux gelten als Untergrenze für pflanzliches Wachstum. Für eine optimale Photosynthese im Sommer können viele Pflanzen dagegen über 40 000 Lux „verarbeiten". Soweit zur Nachfrage; beim Angebot sieht's in unseren Breiten so aus: Wenn im Sommer kein Wölkchen den Himmel trübt, zeigt ein Beleuchtungsmesser bis zu 80 000 Lux an, bei stark bedecktem Himmel werden immerhin noch 8 000–10 000 Lux gemessen.

„Handlicher" als die Beleuchtungsstärke in Lux ist die sogenannte **relative Beleuchtungsstärke,** angegeben als prozentualer Anteil des vollen Tageslichts, der an einen bestimmten Pflanzenstandort gelangt. Die Grenze für Licht beziehungs-

weise Sonnenpflanzen liegt hier bei etwa 40 %; Gewächse, die sich mit weniger zufrieden geben, lassen sich in Abstufungen von „Halblichtpflanzen" über „Halbschattenpflanzen" bis hin zu den eigentlichen Schattenpflanzen einteilen. Letztere können bei nur 5–10 % des Tageslichts, einige Spezialisten auch bei weniger als 1 % existieren. Am genügsamsten sind schließlich Moose und Flechten, von denen manche sogar in fast völlig dunklen Höhlen leben.

Aronstab und Waldsauerklee sind typische Schattenpflanzen, die mit geringen Tageslichtanteilen zurechtkommen

Auswirkungen von Lichtmangel

- Lange, dünne Stengelglieder zwischen den Blattansätzen, dünne Blattstiele (sogenanntes „Vergeilen"; Pflanze versucht, dem Licht hinterherzuwachsen)
- Kleine, gelblich-blasse Blätter
- Verzögerte, spärliche oder ganz ausbleibende Blüte
- Blütenvergrünung, wenn dazu feucht-kühle Witterung herrscht (z.B. bei einigen Glockenblumen)
- Krankheits- und Schädlingsbefall als indirekte Folge

Schattenkünstler

Es ist immer wieder faszinierend zu beobachten, daß sich pflanzliches Leben auch auf den extremsten Standorten entwickeln kann. Ob trockene, heiße Standorte oder Gewässer, salzhaltige Böden oder Kiesgruben – überall finden sich Gewächse, die sich im Lauf vieler Generationen mit speziellen „Tricks" an die vorgefundenen Verhältnisse angepaßt haben. Und so trifft man auch in dichten Wäldern, an deren Grund im Sommer nur ein Minimum an Tageslicht gelangt, auf Stauden, die hier zu existieren vermögen. Paradebeispiel ist der Waldsauerklee *(Oxalis acetosella)* mit seinen frischgrünen Blättchen, der als Tiefschattenstaude eingestuft wird. Der Bärlauch *(Allium ursinum),* der im Sommer ganze Laubwaldpartien nach Knoblauch riechen läßt, steht ihm an Schattenverträglichkeit kaum nach. In diese Kategorie gehören auch Haselwurz *(Asarum europaeum)* und natürlich viele Farnarten.

Im Mai verwandelt Bärlauch ganze Waldpartien in ein weißes Blütenmeer

Leben auf der Schattenseite

Die Mehrzahl der in und an Wäldern vorkommenden Wildstauden braucht schon ein wenig mehr Licht als die eben genannten, im Vergleich zu den Sonnenpflanzen freier Flächen sind ihre Ansprüche dennoch sehr bescheiden. Häufig gleichen sie den geringeren Lichtgenuß durch große oder aber sehr zahlreiche kleine Blätter aus, letztendlich also durch viel Blattfläche im Verhältnis zu den anderen Pflanzenorganen.

Auf eine kräftige Blattoberhaut, mit der sich Sonnenpflanzen vor Verdunstung schützen, können sie am schattig-feuchten Standort verzichten und statt dessen noch etwas mehr Chlorophyll im Laubwerk unterbringen. Deshalb haben Schattenpflanzen oft eher dünne und weiche Blätter. Zudem sind ihr Chlorophyll und der ganze „Photosynthese-Apparat" etwas anders aufgebaut als bei Sonnenpflanzen, um eine optimale Lichtausnutzung zu erreichen.

Pflanzen, die sich mit solcher Konsequenz an einen bestimmten Standort angepaßt haben, sind jedoch unter anderen Bedingungen kaum lebensfähig. Die Schattenpflanzen der Wälder leiden in der vollen Sonne schnell unter Austrocknung. Hohe Beleuchtungsstärken können sogar ihre Photosynthese beeinträchtigen, da sie auf die Verarbeitung größerer Lichtmengen nicht eingestellt sind.

Auswirkungen von Lichtüberschuß

- Gelbe Blattflecken bis hin zur völligen Laubvergilbung
- Bei starker direkter Sonneneinstrahlung Welke, Blattverbrennungen und Austrocknung
- Kümmerwuchs bis hin zum Absterben der ganzen Pflanze

Der Kleine Fingerhut verlangt Halbschatten bis Schatten, verträgt unter günstigen Bedingungen aber auch etwas mehr Sonne

Wandel und Anpassung

Vollschattenspezialisten sind allerdings eher in der Minderheit; die Pflanzenvielfalt, der wir schließlich auch viele unserer Gartengewächse verdanken, ist in der Natur vor allem an Waldrändern, -lichtungen und -säumen zu Hause. Dort unterliegen die Lichtverhältnisse im Jahresverlauf sowie im Lauf der Zeit starken Änderungen. Viele Halbschatten- und Schattenpflanzen dieser Lebensbereiche sind deshalb recht anpassungsfähig, vertragen bei genügend Luft- und Bodenfeuchte auch etwas mehr Sonne.

Und wenn es ihnen gar zu hell wird, können manche – z.B. über Ausläuferbildung – wieder dem schattigeren Standort entgegenwachsen. Ähnlich vermögen sogenannte Halblichtpflanzen, sich zunehmendem Schatten am Waldrand mit einer allmählichen Umsiedlung zu entziehen. Oder sie zeigen das als Lichtmangelsymptom genannte verlängerte Stengelwachstum (siehe Kasten auf Seite 12), das ihnen immerhin hilft, einige Jahre im Halbdunkel zu überleben.

Solche Anpassungen kann man ebenso im eigenen Garten beobachten, wenn man Geduld hat und der Entwicklung ihren Lauf läßt. Auch im Garten werden sich die Lichtverhältnisse zwangsläufig mit der Zeit beziehungsweise dem Wachstum von Bäumen und Sträuchern ändern. So entstehen immer wieder neue, vielfältige Nuancen von Licht und Schatten.

Schattenplätze
unter der Lupe

„Seit letzten Herbst will ich den schattigen Streifen vor den Nadelbäumen
bepflanzen, und jetzt haben wir schon
wieder Oktober. Dieses Wochenende wird
das endgültig erledigt." Also Freitagnach-
mittag nach der Arbeit schnell im Garten-
center vorbeifahren, mal schauen, was die
haben. Aha, hier, schöne Blütenstauden
für Schatten; obwohl, da kommt ja vormit-
tags etwas Sonne hin, vielleicht doch
besser Pflanzen mit dem Halbschatten-
symbol...? So sieht das Hobbygärtnerle-
ben oft genug aus; daraus resultierende
Spontanaktionen können gut-, aber auch
kräftig schiefgehen.
Häufig fehlt es einfach an der Muße, sich
gründlich mit Standortansprüchen und
-einflüssen sowie mit deren Wechselwir-
kungen auseinanderzusetzen – oder gar

Im Einflußbereich von Gehölzen können
Sonnen- und Schattenpartien sehr kleinräumig wechseln

mit bis zu zehn verschiedenen Schattenarten. Doch die Bedürfnisse der Pflanzen,
gerade der, die mehr oder weniger schattige Plätze bevölkern, sind recht differen-
ziert. Berücksichtigt man dies, lohnen es
die Gewächse mit gesundem Wuchs,
schönen Blättern und Blüten; längerfristig
spart man sich so Ärger und Verdruß.

Schatten hat viele
Schattierungen

Sonnig, halbschattig, schattig – so lautet
die verbreitete Einteilung der Gartenstandorte beziehungsweise Lichtansprüche, wie
man sie auch in vielen Pflanzen- und Gartenkatalogen findet. Für diese drei Katego-
rien stehen die sinnfälligen Kreissymbole,
die eine schnelle Einstufung auf den
ersten Blick erlauben:
○ = für sonnigen Stand
◐ = für halbschattigen Stand
● = für schattigen Stand
Diese übersichtliche Einteilung hat leider
den Nachteil, den einfache Systeme oft
haben: Sie gibt nur ein grobes Abbild des
Sachverhalts wieder, berücksichtigt nicht
die Feinheiten, auf die es im Zweifelsfall
ankommen kann.
Schon bei den Sonnenpflanzen müßte
man eigentlich zwischen Gewächsen
unterscheiden, die wirklich an vollsonnigen Plätzen gedeihen, und anderen, die es
zwar möglichst hell, aber keinesfalls ganztägig pralle Sonne mögen. Letzteres trifft
auf die Mehrzahl heimischer Lichtpflan-
zen zu, für die leichte Beschattung, gerade während der Mittagszeit, vorteilhaft ist
– obwohl sie mit dem Sonnenkreissymbol
gekennzeichnet werden.
Tatsächlich finden sich im Garten ja auch
kaum uneingeschränkt vollsonnige oder
ganztägig stark beschattete Partien.
Besonnte und schattige Flächen wandern

Unter noch unbelaubten Bäumen kommen zeitige Blüher in den vollen Genuß der Frühlingssonne

im **Tagesverlauf** entsprechend dem Sonnenstand. „Reine" Schattenlagen beschränken sich meist auf Bereiche unter dicht belaubten Baum- und Strauchgruppen oder nördlich von großen Gehölzen und Baulichkeiten.

Besonnung und Tageszeit

Morgensonne schadet zartblättrigen Schattenpflanzen kaum und wird notfalls auch den ganzen Vormittag ertragen, ebenso die milde Abendsonne. Die intensive Sonneneinstrahlung um die Mittagszeit kann sogar lichtliebenden Pflanzen zu schaffen machen, für Schattengewächse ist sie kaum erträglich. Ähnliches gilt für ungehinderte Nachmittagssonne.

Ebenso ändern sich die Schattenverhältnisse im **Jahreslauf.** Wenn die Sonne im Juni ihren höchsten Stand erreicht, werfen selbst sehr hohe Bäume um die Mittagszeit nur kurze Schatten. Zum Winter

hin, bei zunehmend niedrigerem Sonnenstand, werden die Schatten immer länger, im Frühjahr nehmen sie allmählich wieder ab. Wo laubabwerfende Bäume oder Sträucher die Schattenursache sind, verfügt man im Frühjahr über mehr oder weniger sonnige Plätze, z.B. für Zwiebelblumen, die erst mit der vollständigen Neubelaubung der Gehölze in Schatten getaucht werden. Im Herbst können hier, je nach Zeitpunkt des Blattabwurfs, wiederum sonnige Bedingungen für Spätblüher entstehen.

Schließlich entscheidet auch die **Schattenintensität** über die Eignung als Pflanzenstandort: Der Schattenwurf eines luftig aufgebauten Strauches mit kleinen Blättchen wirkt sich ganz anders aus als etwa der einer großen, dicht beasteten Fichte; der Schatten einer Mauer schafft wieder ganz andere Voraussetzungen als der einer pflanzenbewachsenen Pergola. Letztendlich geht es darum, wieviel direktes und diffuses Sonnenlicht den beschatteten Pflanzen jeweils noch zugute kommt. Weiterhin spielt auch die Tönung der Umgebung beziehungsweise der Schattenursachen selbst eine Rolle: Helles reflektiert Licht, so daß es Pflanzen im Umkreis zur Verfügung steht, Dunkles absorbiert die Strahlen.

Um wenigstens annähernd die unterschiedlichen „Schattierungen" von Pflanzflächen zu kennzeichnen, ist eine Unterteilung in mehrere **Schattenabstufungen** oder -arten, vom lichten Schatten bis zum Tiefschatten, üblich. Die Übersicht auf Seite 17 zeigt, nach welchen Kriterien die Schattenarten unterschieden werden und gibt Beispiele für solche Standorte. Dabei wurde der etwas problematische Begriff „Halbschatten" wiederum in drei Katego-

15

rien unterteilt; denn es hat auf die Pflanzen ganz unterschiedliche Auswirkungen, ob damit ganztägig „halber" Schatten oder aber Beschattung in einer bestimmten Tageshälfte gemeint ist. Die anderen Einstufungen gelten, wenn sie den überwiegenden Teil eines (Sommer-)Tages vorherrschen.

So schön die differenzierte Einteilung der Schattenarten ist, in Pflanzenkatalogen oder -listen findet sie meist keine Entsprechung. Die Spalte „Bepflanzung nach Lichtanspruch" gibt deshalb Anhaltspunkte, welche Pflanzengruppe für den jeweiligen Schattenstandort geeignet ist. Häufig werden Pflanzen nicht nur mit einfachen Kreissymbolen, sondern mit „von"-„bis"-Angaben, z.B. ○−◑, gekennzeichnet. Denn zahlreiche Arten können sich innerhalb gewisser Grenzen an verschiedene Lichtverhältnisse anpassen.

Die Übersicht mag einen Orientierungsrahmen bieten, aber keinesfalls ein festes Raster – die Übergänge zwischen den Schattenarten sind fließend, die Begriffe

Bei wechselnder Beschattung zwischen hohen Bäumen finden Rhododendren gute Wachstumsbedingungen

werden leider auch sehr unterschiedlich verwendet. Zudem läßt sich belebte Natur nie in ein Schema pressen. Augenfällig wird das gerade bei Angaben zu Pflanzenansprüchen; insbesondere beim Licht wird man immer wieder zu bestimmten Gewächsen verschiedene Angaben finden. Das liegt hauptsächlich daran, daß die Gegebenheiten an einem Pflanzenstandort, wie Witterungsverlauf, Wärme, Boden, Feuchtigkeit und Lichtgenuß, nie allein, sondern stets zusammen wirken und sich gegenseitig beeinflussen. Näheres dazu findet sich im folgenden Kapitel. Schließlich sei darauf hingewiesen, daß auch verschiedene Sorten ein und derselben Art unterschiedlich auf die Lichtverhältnisse reagieren können, ja selbst die verschiedenen Altersstadien z.B. eines Gehölzes. So gilt, der Natur sei Dank: Ein wenig Ausprobieren, Fingerspitzengefühl, Experimentierfreude, auch das Risiko von Mißerfolgen, gehören zum Gärtnern immer dazu.

Neben den in der Übersicht vorgestellten Schattenabstufungen begegnen einem in Gartenkatalogen oder -büchern auch folgende Begriffe:

Der mäßige bis tiefe Schatten ist die Domäne von Spezialisten wie Frauenfarn und Efeu

Einteilung von Schattenplätzen und ihre Bepflanzung		
Schattenart	**Standortbeispiele/Auswirkungen**	**Bepflanzung nach Lichtanspruch**
Lichter Schatten	In der Nachbarschaft von Laubgehölzen mit hoch ansetzender Krone und dünnen Blättern oder heller, lichtreflektierender Rinde (Paradebeispiel: Birke); kaum eingeschränkter Lichtgenuß	○*, ○—◐, ○—●
Streuschatten	Unter Gehölzen mit lichter Krone oder lockerer Belaubung und kleinen Blättern; keine durchgehenden Schattenflächen, an vielen Stellen durch direkte Sonneneinstrahlung unterbrochen	(○), ○—◐, ○—●
Halbschatten am Vormittag oder ab spätem Nachmittag	Bei Beschattung gegen Osten oder Südwesten/Westen, z.B. im Einflußbereich großer, dichtlaubiger Gehölze oder direkt unter einer kleinen Mauer; zu den genannten Tageszeiten kein direktes Sonnenlicht	(○), ○—◐, ○—●
Halbschatten ab der Mittagszeit	Bei Beschattung gegen Süden und Südwesten; voller Sonnenschutz während der Mittagszeit, gegebenenfalls ab dem späten Nachmittag noch etwas Sonne	○—◐, ◐, ○—●
Halbschatten durch ganztägig leichte Beschattung oder Wechselbeschattung	Am Schattenrand großer, dicht belaubter Gehölze, unter mäßig dichtkronigen Bäumen, zwischen locker gepflanzten Gehölzgruppen; wenig beziehungsweise nur stundenweise direktes Sonnenlicht	◐, ◐—●, ○—●, (●)
Mäßiger Schatten	Weitgehend im Schattenbereich von dichtlaubigen Gehölzen, fast ganztägig im Schatten heller Mauern oder Gebäude; kaum direkte Sonne, aber ungehindertes diffuses Licht	◐—●, ●, (○—●)
Tiefer Schatten	Im Bereich von Gehölzgruppen, bei Beschattung von mehreren Seiten, z.B. zwischen Gebäude und Baum, in dunklen Innenhöfen; Stellen, an denen auch der Einfall diffusen Lichts gemindert ist	(●)
Vollschatten	Unter großen, eingewachsenen immergrünen Gehölzen, Nordseiten von Gebäuden oder Hecken, die zusätzlich seitlich beschattet sind; minimaler Lichteinfall	–

*(mit wenigen stark lichtbedürftigen Ausnahmen, z.B. einige Steingarten- und Heidepflanzen)

- Dauerschatten: auf Flächen, an denen im Tages- wie im Jahreslauf ständig tiefer oder Vollschatten herrscht.
- Kernschatten: Bereich hinter einer Schattenquelle, in den kaum diffuses Seitenlicht gelangt.
- Schlagschatten: scharf abgegrenzter Schattenwurf z.B. eines Gebäudes oder eines dichtkronigen Baumes, der sich mit deutlichen Rändern von der sonnenbeschienenen Umgebung abhebt.

Nicht nur vom Licht allein ...

Verwirrend, da sehr unterschiedlich verwendet, ist die Bezeichnung „absonnig". Mal steht sie für milde Beschattung, mal für Schatten um die Mittagszeit, mal nur als Synonym für schattig. Im engeren Sinn kennzeichnet **absonnig** mäßigen Schatten von Mauern, Steinen oder der Sonne abgewandten Hängen, wo die blauen Lichtanteile nicht durch große Gehölze gefiltert werden und so den Pflanzen zugute kommen.

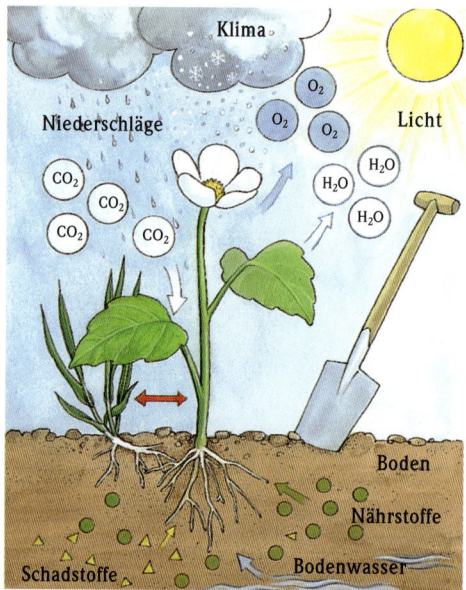

Lebenswichtige Substanzen für die Pflanze sind das Kohlendioxid (CO_2), das sie aus der Luft entnimmt, sowie das über die Wurzeln aufgenommene Wasser. Daraus baut sie Kohlenhydrate auf und gibt wiederum Sauerstoff (O_2) und Wasser (H_2O) ab. Für diesen Prozeß wird die Energie des Lichts benötigt. Genauso essentiell sind die Nährstoffe im Boden. Die anderen Standortfaktoren, wie Klima und Boden, entscheiden darüber, wie gut die Pflanze all diese Stoffe aufnehmen und umsetzen kann

... lebt die Pflanze. Sie braucht Wasser, Kohlendioxid für die Photosynthese, Wärme, eine gewisse Luftfeuchte. Ihre Wurzeln brauchen einen Boden, in dem sie Halt und Nährstoffe finden und sich optimal entwickeln können. Wieviel von all diesen **Standortfaktoren** benötigt wird, hängt von der jeweiligen Pflanzenart ab und variiert ebenso stark wie die Lichtansprüche.

Auf der anderen Seite werfen große Gehölze oder Baulichkeiten nicht nur Schatten, sondern haben meist noch andere Nebenwirkungen auf ihre Umgebung. Da sind zuallererst die Wurzeln lebender Schattenverursacher, die mit dem Unterwuchs um Wasser und Nährstoffe konkurrieren. In diesem Zusammenhang spricht man auch vom **Schattendruck** eines Standorts, als Gradmesser für die Widrigkeiten, die dort anderen Pflanzen das Leben schwermachen. Allerdings können Schattenverursacher durchaus auch günstige Begleiterscheinungen für ihr Umfeld mit sich bringen, z.B. Schutz vor Wind oder Schadstoffeintrag.

Für alles ist ein Kraut gewachsen

Da die Mehrzahl schattengeeigneter Gartenpflanzen dem Lebensraum Wald entstammt, lassen sich Temperatur-, Feuchte- und Bodenansprüche ebenso wie ihre Schattenverträglichkeiten von den Gegebenheiten an Forststandorten ableiten. Doch schon hier trifft man auf recht unterschiedliche Lebensgrundlagen für die Schattenflora. Im ganzjährig dunklen Nadelwald mit schwer zersetzbarer Streu herrschen andere Bedingungen als im Laubwald, wo bis zur Wiederbelaubung im Mai reichlich Sonne auf den Boden fällt und aus den alten Blättern eine fruchtbare Humusschicht entsteht.

Waldränder oder große Landschaftshecken bieten je nach Lage zur Himmelsrichtung licht- oder tiefschattige, warme, kühle oder gar frostgeplagte Standorte für den Unterwuchs. Auch angrenzende Landwirtschaftsflächen haben ihre Auswirkungen auf die Wildflora im Schatten, vor allem auf Boden- und Nährstoffverhältnisse. Nicht zuletzt findet sich in Gebirgsschluchten, an absonnigen Hängen, selbst in schattigen Kiesgruben spontaner Pflanzenwuchs, der außer der „Lichtscheue" mit den Waldgewächsen wenig gemeinsam hat. Zum Glück für den Gärtner – denn waldähnliche Bedingungen lassen sich im Garten nur begrenzt schaffen, und die Vielfalt der natürlichen Flora hilft letztendlich, auch schwierige oder „untypische" Schattenpartien zu bepflanzen.

Temperatur und Beschattung

Im Wald herrscht nicht nur im Sommer angenehme Kühle, die Temperaturen sind auch ganzjährig ausgeglichener. Ähnliches gilt im Garten für den Schattenbereich von Gehölzen oder Mauern, wenn auch nur auf eng begrenztem Raum. Dieses sogenannte Kleinklima ist den meisten schattenliebenden Pflanzen zuträglich. Gewächse mit variablen Lichtansprüchen kommen hier zwar etwas später zur Blüte als auf weniger beschattetem, wärmeren Standort, dafür hält der Flor dann länger an.

Ausgeglichenes Kleinklima heißt aber auch, daß es trotz der durchschnittlich niedrigeren Temperaturen zeitweise wärmer sein kann als auf offenen Flächen. Gebäude, Hecken, dicht von unten belaubte Sträucher bieten ihrer Umgebung häufig Schutz vor kalten Winden und Frösten und mildern so extreme Witterungseinflüsse. An solchen Stellen darf die Bepflanzung durch etwas empfindlichere Arten ergänzt werden.

Rauhe Schattenplätze

Die schützende Wirkung von Schattenursachen kann sich in manchen Lagen ins Gegenteil umkehren:
- Nordseiten von Mauern oder immergrünen Gehölzgruppen sind stark frostgefährdet und erwärmen sich im Frühjahr sehr langsam.
- Nach der Hauptwindrichtung offene Schattenpartien sind für viele Pflanzen zu zugig, außerdem austrocknungsgefährdet.
- Ähnlich ungünstige Bedingungen herrschen an schattigen Hängen, die nach den genannten Richtungen zeigen.

Gerade solche Bereiche wird man durch Schutzpflanzungen nicht noch stärker beschatten wollen. Hier bleibt nur, bei der Auswahl auf ausgesprochen robuste Gewächse zu achten.

Für das Kleinklima unter und zwischen Gehölzen spielt natürlich auch die Art der Belaubung eine Rolle. Während unter Immergrünen ganzjährig kühler Schatten herrscht, dringen durch das kahle Geäst laubabwerfender Bäume bis zum Frühsommer wärmende Sonnenstrahlen; rauhe Frühlings- und Herbstwinde werden andererseits nur bei ganzjähriger Belaubung gebremst.

Bei Mauern wiederum muß man beachten, daß sie bei Sonnenbestrahlung Wärme speichern und diese dann allmählich an ihr Umfeld abgeben. Das kann für Pflanzen kühlfeuchter Waldstandorte zuviel des Guten sein, wobei sich vor allem die Trockenheit solcher Plätze negativ auswirkt.

Neben kleinklimatischen Betrachtungen sollte man auch das regionale Großklima nicht vergessen. Angaben zu Pflanzenansprüchen beziehen sich meist auf Durchschnittsstandorte, Differenzierungen etwa nach Alpenvorland, Küste oder Bodensee werden selten geboten. Grundsätzlich kann man davon ausgehen: Je kühler das Klima, desto mehr Licht braucht beziehungsweise verträgt eine Pflanze; umgekehrt sollte man in warmen – und vor allem in niederschlagsarmen – Gegenden einen kleinen „Schattenzuschlag" geben. Das läßt sich nicht 100 %ig verallgemeinern, doch im Zweifelsfall fährt man mit dieser Regel am besten.

Feuchtigkeit und Beschattung

Wo wenig Sonnenstrahlen hingelangen, ist in der Regel die Verdunstung des Bodens und der Pflanzen herabgesetzt. Entsprechend fühlen sich viele Schattenpflanzen im feucht-kühlen Kleinklima am wohlsten, zumal ihre Blätter nicht besonders gegen Verdunstung geschützt sind. Solche Standorte, die im Gehölz- wie im Gebäudeschatten vorkommen, werden

Luftfeucht und windgeschützt – der ideale Standort für die meisten Farne

auch als **feuchter Schatten** charakterisiert. Häufig genug gibt es aber auch den **trockenen Schatten,** der vielen Gewächsen weniger zusagt. Dieser kann folgende Ursachen haben:

- Flachwurzelnde Gehölze: Zum Schattenwurf kommt bei einigen Bäumen (z.B. Fichten, Tannen, Birken) und Sträuchern hinzu, daß der Hauptteil des Wurzelwerks nahe der Erdoberfläche verläuft und dem Unterwuchs das Wasser streitig macht.
- Regenschatten: Große, dichte Baumkronen oder Mauern halten häufig nicht nur das Licht, sondern auch die Niederschläge von ihrer näheren Umgebung fern.
- Mauern und Hauswände: Die erwähnte Wärmespeicherung von Mauern wirkt sich auch negativ auf die Boden- und Luftfeuchte aus. Hauswände sind zudem meist von einer Dränageschicht umgeben, die dem Boden in der Umgebung Feuchtigkeit entzieht.
- Exponierte Lage: An Schattenplätzen in Hanglage oder in Hauptwindrichtung kann ständige Windeinwirkung zu starker Verdunstung führen.
- Sehr sandiger Boden: Bei gleichzeitig geringem Humusanteil trocknet solch ein Boden im Wurzelbereich sehr schnell aus.

Sicherlich läßt sich mangelnde Feuchtigkeit durch Bewässerung ausgleichen. In den meisten der hier aufgeführten Fälle macht das allerdings wenig Sinn, Aufwand und Kosten wären auf Dauer zu hoch. Mit der Wahl geeigneter Pflanzen fährt man sicher besser, auch wenn das Angebot für trockenen Schatten nicht gerade üppig ist. Teilweise lassen sich solche Standorte durch stete Humuszufuhr und Bodenverbesserung in recht günstige Pflanzplätze verwandeln.

Böden im Schatten

Gerade was Feuchtigkeit und Wasserversorgung angeht, kommt dem Boden große Bedeutung zu. Feuchtigkeitswünsche der Pflanzen werden meist über die Bodenansprüche ausgedrückt. „Frisch bis feucht" und humos soll er für etliche Schattenpflanzen sein, was natürlich wieder an Waldstandorte erinnert.

Die durchschnittliche Bodenfeuchte ist weniger eine Frage der Umgebungsfeuchte oder Niederschlagsmenge, sondern hängt vor allem von der **Bodenbeschaffenheit** ab. Sandige, humusarme Erde vermag wenig Wasser zu halten und zu speichern. Das andere Extrem sind nasse Böden; sie haben einen hohen Tonanteil, halten die Niederschläge fest, die Oberfläche trocknet nur selten ab und wird dann hart und krustig. Dazwischen liegen Böden mit einer Zusammensetzung aus unterschiedlichen Ton-, Sand-, Lehm- und Humusanteilen. Je nachdem, wie lange sie im Wurzelbereich die Feuchtigkeit halten, werden sie als „feucht", „frisch" oder „normal" eingestuft.

Bei ungünstigen Bodenverhältnissen hilft auf Dauer **Kompost** und Geduld; regelmäßige Zufuhr von gutem Gartenkompost im Frühjahr und Herbst (nur auftragen und oberflächlich einharken) schafft bereits nach wenigen Jahren deutlich bessere Bedingungen.

Ebenso wichtig und hilfreich ist **Mulchen,** das Aufbringen von organischem Material, das an Ort und Stelle verrottet. Dafür eignen sich zerkleinerte Gartenabfälle und Rasenschnitt (muß häufiger erneuert werden) und natürlich das Laub der Bäume und Sträucher, das man am besten an Ort und Stelle liegen läßt. So entsteht auch die spezielle Humusschicht des Waldbodens. Hohe Laubschichten kann man mit dem Rechen etwas verteilen, um nicht den Aufwuchs von Zwiebel-blumen und Stauden im nächsten Frühjahr zu erschweren.

Entfernen sollte man jedoch das schwer zersetzbare Laub einiger Arten, das zudem wuchshemmende Gerb- und ähnliche Stoffe enthält. Hier wären z.B. Platanen zu nennen sowie der Walnußbaum, der oft in ländlichen Gärten steht. Rindenmulch eignet sich ebenfalls nicht, eine vorgesehene Pflanzfläche mit Humus anzureichern. Man kann ihn aber durchaus zwischen Stauden ausbringen, um hier den Aufwuchs von Unkräutern zu verringern.

Der Einsatz von Mulch und reichlich Kompost empfiehlt sich nicht nur auf schwierigen Böden, sondern bei den meisten Schattenstandorten, um einen günstigen Humusgehalt zu erzielen. Die damit verbundene Nährstoffzufuhr genügt fast allen Schattenpflanzen, zusätzliche Düngung ist entbehrlich. Vorsicht jedoch bei manchen Wildstauden und Steingartenpflanzen, die karge Standorte gewöhnt sind: Hier kann bereits diese milde Form der Düngung ein Überangebot an Nährstoffen bedeuten.

Humosen, nährstoffreichen Boden danken Funkien mit prächtigem Wachstum

■ *Das Fallaub von Bäumen und Sträuchern sorgt nachhaltig für Humuszufuhr*

Extrem tonhaltige, **verdichtete Böden** neigen nicht nur zu Staunässe, sondern behindern auch das Wurzelwachstum. Das Auftragen einer dünnen Schicht Muttererde bringt hier wenig. Bei Neuanlagen sollte eine tiefreichende Lockerung durchgeführt und eventuell Sand untergemischt werden. Stete Humuszufuhr kann dann die verbesserten Verhältnisse stabilisieren. Unter Gehölzen ist eine Bodenlockerung allerdings nur eingeschränkt möglich, bei Flachwurzlern muß sie ganz unterbleiben. Verdichteter Boden ist häufig auch Ursache für Wuchsstörungen bei den beliebtesten Schattensträuchern, den Rhododendren. Etwas Torfuntermischung reicht nicht, um aus schwerem Erdreich den lockeren, humosen Boden zu machen, den Rhododendren brauchen – vielleicht noch mehr als den niedrigen pH-Wert, der durch die Torfzugabe erreicht werden soll. Ähnliches gilt für andere Pflanzen mit entsprechenden Bodenansprüchen, wie z.B. die Prachtglocke *(Enkianthus campanulatus)*. Hohe Torfanteile oder Torf-Sand-

Mischungen sind außerdem bei Teilbesonnung wie im trockenen Schatten besonders tückisch: Trocknet solche Erde einmal aus, nimmt sie schwer wieder Wasser an, die Pflanzenwurzeln hängen dann in einer lockeren, luftigen Masse, in der sie keinen Halt finden.

Niedriger **pH-Wert,** saurer Boden – mit solchen Begriffen wird man meist konfrontiert, wenn man sich für Rhododendren oder Heidegewächse interessiert. Tatsächlich bilden sich in Böden beziehungsweise im Bodenwasser verschiedene Säuren sowie Basen, die chemisch der Seifenlauge vergleichbar sind. Je nach Bodenzusammensetzung überwiegen die einen oder anderen Verbindungen, die Gesamtbodenreaktion ist dann entweder sauer, basisch oder – wenn sich die Wirkung gegenseitig aufhebt – neutral. Extrem saure wie extrem basische Bodenreaktionen behindern die Nährstoffaufnahme der Pflanzen. Die meisten Pflanzen gedeihen auf neutralen oder leicht sauren Böden am besten. Manche Spezialisten entstammen allerdings Naturstandorten mit sauren Böden, wie etwa der Heide. Sie wachsen nur auf diesen zufriedenstellend. Da Kalk in der Regel eine basische (= alkalische) Bodenreaktion bewirkt, werden diese Pflanzen auch als „kalkfliehend" oder „kalkfeindlich" bezeichnet.

---

pH-Werte von Gartenböden

Die pH-Skala reicht von 0 (extrem sauer) bis 14 (extrem basisch), 7 bedeutet neutral. Für Gartenböden sind folgende Bereiche relevant:
4,5–5,5: stark sauer bis sauer
4,5–6,5: sauer bis schwach sauer
6,6–7,2: schwach sauer bis neutral und schwach alkalisch
7,2–7,7: schwach bis gut alkalisch

Den Säuregrad kann man als pH-Wert beziffern und mit Lackmusstäbchen (Apotheke) oder einem kleinen Testset (Gartenfachhandel) selber messen. Bei Gartenneuanlagen oder Pflanzung von Rhododendren empfiehlt es sich allerdings, vorher eine **Bodenuntersuchung** durchführen zu lassen. Das ist über landwirtschaftliche Untersuchungsanstalten, private Labors (Branchenbuch), teils auch über den Gartenfachhandel möglich. Man erhält so genauen Aufschluß über pH-Wert, Kalk- und Nährstoffgehalt, teilweise auch über den Humusgehalt.

Während eine allmähliche pH-Wert-Anhebung durch Kalkgaben recht einfach zu bewerkstelligen ist, werden für eine „Bodensäuerung" große Torfmengen nötig, was schon aus Umweltgründen nicht empfehlenswert ist. Bleibt noch der

Campanula persicifolia gehört zu den kalkliebenden Stauden

Rhododendren mögen sauren Boden und vertragen keinen Kalk

Griff zu pH-Wert-senkenden Düngemitteln wie schwefelsaurem Kali und Ammoniumsulfat oder speziellen „Bodenhilfsstoffen", wie sie der Fachhandel anbietet. Meist reicht jedoch die oben empfohlene, regelmäßige Kompost- und Mulchversorgung, da Humus extreme pH-Werte abpuffert.

Anders verhält es sich mit dem „halbfertigen" Rohhumus unter Nadelbäumen. Aus der schwer zersetzbaren Nadelstreu entsteht nach und nach ein stark saures Substrat, das im Verein mit dichtem Schatten und flach streichendem Wurzelwerk kaum noch Pflanzenwuchs aufkommen läßt.

Schattenarbeit – Gartenanlage und Umgestaltung

Lästigen Schatten vermeiden, erwünschten Schatten lenken – schön, wenn das so einfach ginge. Durch die Bebauung des eigenen wie der Nachbargrundstücke sind von vornherein Schattenplätze definiert, und der Schattenwurf von Bäumen oder Hecken endet ja auch nicht an der Grundstücksgrenze. Wer einen bereits angelegten Garten übernimmt, steht sowieso vor vollendeten Tatsachen, im Falle von Miete oder Pacht sind die Einflußmöglichkeiten noch begrenzter.

Und doch kann man auch Licht und Schatten im eigenen Garten ein wenig steuern, zumindest kleine Korrekturen und Verbesserungen vornehmen. Bei einer Gartenneuanlage ist der Spielraum natürlich am größten. Hier wird vor allem bei der Gehölzauswahl und -pflanzung über das spätere Schicksal der Sonnenstrahlen entschieden; oft genug zu unbedacht, was sich allerdings erst nach etlichen Jahren herausstellt.

Planung und Umgang mit dem Standortfaktor Schatten sind sicherlich besonders schwer, weil er sich im Lauf der Zeit, in Abhängigkeit vom Gehölzwachstum, stetig wandelt. Andererseits können sich mit den Jahren auch Wünsche und Ansprüche von Gartenbesitzern ändern: Vielleicht bekommt man Lust auf neue Gartenbereiche, vielleicht würde man manche Pflanzungen gern durch pflegeleichtere ersetzen. Dann stellt sich zuallererst wieder die Frage: Finden sich dafür geeignete Lichtverhältnisse – oder kann ich sie even-tuell schaffen? Gerade bei Schattenpartien ist es freilich wesentlich einfacher, die Bepflanzung den Gegebenheiten anzupassen, als umgekehrt.

Der Schattenplan

Will man einen Garten völlig neu anlegen, empfiehlt es sich in jedem Fall, mit Hilfe einer Planskizze vorzugehen. Doch auch wenn nur Teile des Gartens „umgemodelt" werden sollen, ist solch ein Plan sehr hilfreich. Das längst vertraute Grundstück mal auf dem Papier aus ungewohnter Perspektive zu betrachten kann einen auf ganz neue Ideen bringen. Zunächst fertigt man einen Lageplan des ganzen Grundstücks an, der mehrfach kopiert wird, um verschiedene Entwürfe auf ihre Tauglichkeit hin zu prüfen.

Tips für die Lageplanerstellung
- Maßstab: 1:100 oder – für einen Schattenplan besser – 1:50 (1 cm entspricht 0,5 m realer Strecke)
- Meterraster verwenden (mit Hilfe von Millimeterpapier); ergibt kleine „Planquadratmeter", die Eintragungen erleichtern
- Gebäude, Grundstücksgrenzen, Wege, große Bäume und andere markante Details möglichst maßstabsgetreu festhalten
- Himmelsrichtungen mit Nordpfeil oder Kreuz markieren

Und nun können Sie auf einigen der Kopien das tun, was eigentlich viel zu selten gemacht wird: die Schattenzonen eintragen. Die aufwendige Lageplanerstellung läßt sich während der „gartenfreien" Wintermonate durchführen, die Schattenkar-

■ *Ob man hier bei der Planung ahnte, daß sich Flieder und Schneeball so prächtig ent-wickeln werden? Jedenfalls hat man sich mit Akelei und Wolfsmilch gut auf den Schattenwurf eingestellt*

tierung sollte jedoch Mitte bis Ende Juni, am besten zur Zeit des höchsten Sonnen-standes am 21., erfolgen. Man nimmt dafür drei Plankopien und trägt jeweils den Schattenwurf vorhandener Gebäude und Gehölze am Morgen, zur Mittagszeit und am Spätnachmittag ein, z.B. als schraffierte Flächen. Das muß nicht auf den halben Meter genau sein, wichtiger ist die Richtung des Schattenwurfs. Eben-so reicht eine Differenzierung nach „leich-tem" und „starkem" Schatten, z.B. durch unterschiedlich starke Schraffur. Alter-native wäre ein Plan, in dem alle drei Tageszeiten berücksichtigt und durch Buchstaben unterschieden werden, was allerdings leicht unübersichtlich gerät. Wegen der sommerlichen Zeitumstellung ist für Mittagssonne und -schatten die Zeit zwischen 11 und 12 Uhr maßgeblich. Wenn Sie diese Mühe auf sich genommen haben, werden Sie Ihren Garten mit ganz anderen Augen sehen. Die Änderung der Lichtverhältnisse im Tageslauf hat man

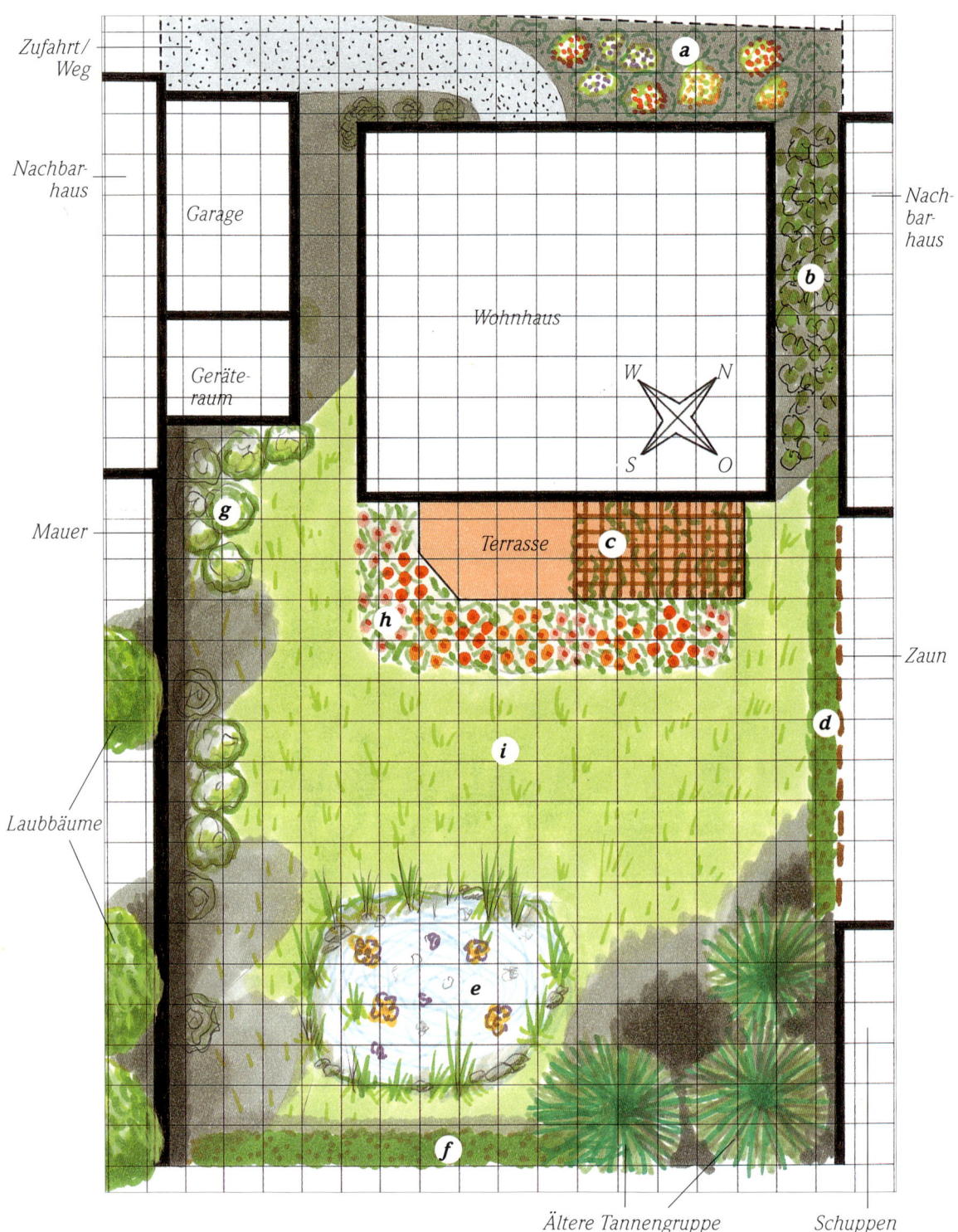

Zufahrt/
Weg

Nachbar-
haus

Garage

a

b

Nach-
bar-
haus

Geräte-
raum

Wohnhaus

W   N

g

S   O

Mauer

Terrasse

c

h

Zaun

Laubbäume

i

d

e

f

Ältere Tannengruppe   Schuppen

Beispiel für einen Schattenplan: Ein noch nicht angelegtes Grundstück mit ca. 460 m² Fläche; Lageplan auf Meterraster (aus Platzgründen im Maßstab 1:150 und etwas vereinfacht).

Hier wurde der Schattenwurf um die Mittagszeit gekennzeichnet (graue Flächen). Der entsprechende Plan am Morgen würde die starke Schattenwirkung der bereits vorhandenen, älteren Tannengruppe plus Nachbarschuppen zeigen; am Spätnachmittag tauchen Gebäude, Mauer und Bäume des Nachbarn links fast ein Drittel des Gartens in Schatten.

Einige mögliche Konsequenzen für Anlage und Gestaltung sind eingezeichnet:

a) Schattengehölze und -stauden oder auch Fuchsien, Neu-Guinea-Impatiens im fast dauerschattigen Vorgarten

b) Bodendeckerbepflanzung des tiefschattigen, kaum genutzten Bereichs

c) Mittagsbeschattung einer Terrassenhälfte durch Teilüberbauung mit Pergola, daran hochrankende Kletterpflanzen bieten zugleich Sichtschutz

d) Falls weiterer Sichtschutz erwünscht ist, wäre hier eine schmale Schnitthecke zu bevorzugen

e) Bester Ort für sonnenbedürftige Bereiche wie Seerosenteich, Gemüsebeet u.ä. Angesichts der kleinen Gartenfläche wäre ein Entfernen oder Reduzieren der bereits vorhandenen Nadelbäume zu erwägen

f) Nicht zu hohe Hecke oder Zaun mit Kletterpflanzen als Sichtschutz

g) Günstiger Mauerschatten für halbschattige/schattige Rabatte; evtl. dazwischen gepflanzte, kleinere Sträucher als zusätzlicher Schutz gegen Mittagssonne

h) Prachtstaudenrabatte oder Rosenbeete

i) Rasenfläche

selten so gut und genau im Blick wie bei dieser Methode. Die Zuordnung von Gartenbereichen wird wesentlich klarer. Und schließlich kann man – etwa durch eine andere Farbe gekennzeichnet – noch nicht vorhandene, aber erwünschte Schattenbereiche eintragen und so gezielt Gehölzpflanzungen planen. Umgekehrt sollte bei vorgesehenen Hecken und Großgehölzen der voraussichtliche Schattenwurf (im ausgewachsenen Zustand!) ungefähr eingezeichnet werden.

Für eine realistische Einschätzung ist der Blick über den Gartenzaun hilfreich: Es bringt viel, wenn man sich mal andere Gärten ganz bewußt unter dem Gesichtspunkt Schattenverteilung und -wirkung ansieht. Vielleicht entdeckt man so auch passende Gestaltungslösungen für den eigenen Garten.

Der Platz an der Sonne

Nach der Planerstellung folgen die entscheidenden Fragen im Leben des Gartenplanenden: Was will ich, wieviel Fläche brauche ich dafür – und was davon benötigt unbedingt Sonne? Die Antworten könnten z.B. lauten: Seerosenteich, Rosenbeete, Prachtstaudenrabatte, fest installierter Sonnensitzplatz, Gemüse- und Kräutergarten, Steingarten, Obstbäumchen, mediterrane Kübelpflanzensammlung. Auf dem Papier geht nun das Gerangel um die sonnigen Plätze los, Kompromisse schließen sich an. Am Ende muß der sonnige Sitzbereich doch nicht sein – schon wegen der UV-Strahlung; Gemüse macht viel Arbeit, vielleicht reicht eine Ecke für Salat, Radieschen und Kräuter. Und eigentlich sehen Schatten-

Beschattung während der Mittagszeit ist dem Seerosenteich durchaus zuträglich

stauden auch ganz hübsch aus, ein paar prächtige Rittersporne neben den Rosen reichen ja ...

Die genannten, mindestens 5 bis 6 Stunden Sonne am Tag benötigenden Bereiche bekommen nun ihre Plätze zugewiesen. Wo der Plan nur Mittagsbeschattung aufzeigt, sind sie ebensogut oder sogar besser aufgehoben als in voller Sonne. Auch ein nur am Vormittag schattiger Standort kommt in Frage.

Somit sind die „Claims" abgesteckt; allerdings darf man die Rasenflächen nicht vergessen. Die üblichen Rasenmischungen vertragen schon ein gewisses Schattenquantum, kommen jedoch mit Dauerschatten, auch mit mäßigem, weniger zurecht und vermoosen dort. Etwa einen halben Tag Sonne sollte man dem Rasen schon gönnen, zumal wenn er als vielseitig genutzter Aufenthaltsort im Garten dienen soll. Andernfalls empfehlen sich spezielle Schattenrasenmischungen. Lichter oder zeitweiser Streuschatten schadet all diesen Gartenbereichen und

Pflanzengruppen kaum – im Gegenteil, Rosen wie Rasen sowie vielen Stauden bekommt das an heißen Sommertagen gut. Eigentlich auch dem Teich, doch hier bereiten die Blätter laubabwerfender Schattenverursacher Probleme und müssen dann im Herbst täglich abgefischt werden. Für die Teilbeschattung des Teichs bieten sich eher hohe Stauden an, die sich in direkte Nachbarschaft oder am Gewässerrand pflanzen lassen.

Schatten erwünscht

Schattengeplagte Gartenbesitzer mögen diesen Abschnitt getrost überschlagen. Aber es gibt doch genügend Fälle und Gartenbereiche, in denen ganztägige sommerliche Sonne unerwünscht ist – Hunderttausende von Sonnenschirmkäufern können nicht irren. Den Aufenthaltsort im Garten vor der heißen Mittagssonne zu schützen, zählt sicher zu den häufigsten Beschattungswünschen.

Lauschige Plätze

Für die Beschattung von Gartensitzplatz oder Terrasse sind ausdauernde Kletterpflanzen ideal. In Verbindung mit einer Pergola können sie den Platz auch von oben beschirmen, während Sträucher oder Bäume doch schon beachtliche Ausmaße haben müssen, um die hochstehende Mittagssonne abzuhalten, oder aber sehr nah an den zu beschattenden Ort gepflanzt werden müssen.

Der sogenannte Hausbaum, der mit eindrucksvollem Wuchs und breiter Krone den Garten prägt, bietet ebenfalls lauschige Partien, wo sich eine Bank oder kleine Sitzgruppe unterbringen läßt. Doch die „klassischen" Hausbäume sind für heutige Gartengrößen meist zu ausladend, hier sollte man auf Gehölze achten, die auch

Auch wenn man den Essigbaum meist nur als Strauch kennt: Richtig gezogen kann er zu einem wunderschönen Hausbaum heranwachsen

nach 10 bis 15 Jahren nicht das halbe Grundstück in Beschlag nehmen. Vorzugsweise sind das kleine Bäume mit recht breiter, hoch ansetzender Krone. Einige der untenstehend genannten Gehölze müssen dafür als Baumform gezogen werden beziehungsweise als Jungpflanze entsprechend aufgeschult sein, andernfalls erhält man von unten her verzweigte Sträucher.

Kleine Hausbäume

Niedrige Ahornarten und -sorten (*Acer ginnala, A. negundo*-Sorten, *A. platanoides* 'Globosum'), Kupferfelsenbirne (*Amelanchier lamarckii*), Magnolienarten (*Magnolia kobus, M. x soulangiana*), Zierkirschen und -äpfel (*Malus*- und *Prunus*-Arten) sowie Obstbaumhalbstämme, Essigbaum (*Rhus typhina*), Scheinakazie (*Robinia pseudoacacia* 'Umbraculifera'), kleine Eberescenarten (*Sorbus americana, S. serotina, S. aucuparia* 'Fastigiata')

Immergrüne Gehölze kommen für diese Zwecke weniger in Frage; will man am Aufenthaltsort die Frühlings- und Frühsommersonne genießen, sollte man spät austreibende Laubbäume und -sträucher bevorzugen.

Dasselbe gilt für den Wintergarten, wo schattenspendende Bäume statt teurer Schattiereinrichtungen vor dem Aufheizen im Sommer schützen können. Hierzu lassen sich manche der genannten kleinen Hausbäume verwenden, vorzugsweise solche mit kugelförmiger Krone, die in wenigen Metern Entfernung in Südrichtung vorgepflanzt werden.

Schattenliebende Bereiche

Anders als Markisen, Sonnenschirme und ähnliches beeinflußt pflanzliche „Schattierung" natürlich dauerhaft die Umgebung, so daß sich in den genannten Fällen bereits verschiedene Möglichkeiten für den Einsatz von Schattengewächsen ergeben. Selbst wenn man sich zunächst nur gezwungenermaßen mit ihnen beschäftigt, kann man leicht sein Gärtnerherz an diese besondere Pflanzenwelt verlieren und dafür ganz bewußt noch etwas mehr Schatten in den Garten holen. Schließlich gibt es ja auch genügend beliebte Gartenpflanzen, die Beschattung bevorzugen oder brauchen, etwa Rhododendren, Sorten des Schlitzahorns (*Acer palmatum*), Astilben, einige Glockenblumen oder Primeln. Viele Schattenschönheiten gedeihen übrigens in der Nähe eines Gartenteichs oder kleinen Bachlaufs ausnehmend gut.

Weiterhin sei hier ein besonderes Gartenelement erwähnt, das in halb- bis mäßig schattigen Bereichen gut untergebracht ist: der Kompostplatz. Austrocknende

Sonne ist der Rotte nicht förderlich, im Zweifelsfall kann sogar ein tiefschattiger Platz gewählt werden, wo allerdings die Umwandlung von Grünabfällen in fruchtbare Erde langsamer abläuft. Vorsicht: Sträucher in der direkten Umgebung können von diesem Nährstoffquell profitieren und bald mehr Schatten werfen, als einem lieb ist.

Sonne im Überfluß

Bei vollsonnigen Grundstücken, z.B. am Südhang, in noch wenig bebauter Ortsrandlage oder in manchen Kleingartensiedlungen, wird man schon aus den bereits genannten Gründen eine Teilbeschattung anstreben. Gegen „Sonne pur"

spricht daneben ein praktischer Aspekt: Man kann einiges an Geld und Aufwand für die Bewässerung sparen, wenn Gartenbereiche einen Teil des Tages im Schatten liegen.

Daß der Wechsel zwischen Sonnen- und Schattenpartien das Gesamtbild des Gartens erst so recht überzeugend macht, wurde bereits erwähnt. Zudem läßt sich die Tiefenwirkung des Schattens nutzen, um kleine Gärten optisch zu vergrößern. Man wird hier freilich sehr sorgsam die Größe der beschatteten Partien und der Gehölze planen müssen, um nicht nach vielen Jahren völlig im Dunkeln zu sitzen. Bereits ein kleiner Baum, eine bescheidene Strauchgruppe, ein beranktes Klettergerüst können den gewünschten Effekt erzielen, wenn man sie geschickt plaziert.

In der prallen Sonne müßte man auf diesen Anblick verzichten: Märzbecher, Salomonssiegel, Schaumblüte, Schlüsselblume und Traubenhyazinthe

Gehölze als Schattenwerfer

Allen reizvollen Schattenwirkungen und -pflanzungen zum Trotz gibt es genug Fälle, in denen fehlende Helligkeit das Gärtnerleben schwermacht. Und häufig sind Bäume und Sträucher die Ursache, nicht selten hat man sie selbst gepflanzt. Zu viele, zu hohe, ungeeignete Gehölze – diese Diagnose läßt sich in vielen Gärten stellen. Die Symptome zeigen sich allerdings erst, wenn die Pflanzen nach 10, 12, 15 Jahren ihre „vorläufig-endgültige" Größe erreicht haben (die meisten legen dann nur noch sehr langsam zu).

Sorgfältig wählen

Eine besonders gute Kenntnis der späteren Gehölzausmaße ist deshalb zwingend. Außerdem sollte man hier unbedingt die genauen **Art- und Sortennamen** der Pflanzen beachten. So erreicht die „reine" Art des Eschenahorns, *Acer negundo,* bis zu 20 m Wuchshöhe, während sich seine Sorten wie 'Variegatum' oder 'Aureomarginatum' mit 5–7 m begnügen. Noch variationsreicher sind die Nadelgehölze, wo zum Artenreichtum vieler Gattungen, z.B. der Fichte, jeweils zahlreiche Sorten kommen, die sich in Wuchsform, -höhe

■ *Die Schattenwirkung in Verbindung mit dem geschwungenen Pfad verleiht der kleinen Fläche optisch Größe*

und -breite gewaltig voneinander unterscheiden können.

Die Vielfalt an gartenwürdigen Bäumen und Sträuchern, die heute geboten wird, macht es andererseits auch leicht, auf riesige Schattenwerfer zu verzichten. Es gibt so viele Sträucher und Bäume zwischen 2 und 6 m Wuchshöhe, die sich für die verschiedensten Zwecke eignen, daß es wirklich nicht nötig ist, kleine Gartenflächen mit Baumriesen zu überfrachten. Hat man auf kaum beschattetem Grundstück etwas Platz für markante Bäume, sollte man eine Bepflanzung in Südrichtung erwägen; dort sorgen sie mit der Zeit für günstige Mittagsbeschattung. Hier kann dann auch eine Kleinstgruppe beliebter, aber in mancher Beziehung problematischer Großgehölze stehen, z.B. Rotfichten, die im Verhältnis zur Größe relativ schmal bleiben, oder Birken, die lichten Schatten werfen.

Allerdings muß man bei diesen und manch anderen **Flachwurzlern** akzeptieren, daß kaum eine Unterpflanzung möglich ist. Vor allem unter Nadelgehölzen lassen sich schwer andere Pflanzen ansiedeln, weil noch die ungünstige Nadelschicht dazukommt. Als Ausnahmen wären die meisten Kiefern sowie Zedern, Eiben und Hemlocktannen *(Tsuga)* zu nennen, die sich recht gut unterpflanzen lassen.

Immergrüne, ob Nadel- oder Laubgehölze, sorgen für ganzjährigen Dauerschatten und brauchen auch im Winterhalbjahr größere Wassermengen, was für „Pflanzpartner" in der Umgebung nicht unbedingt förderlich ist. Auch dies sollte man bei der Auswahl berücksichtigen. Eine alte, immer noch gültige Regel besagt, daß nur ein Viertel der Baum- und Strauchbepflanzung aus Immergrünen bestehen sollte.

Für die Anlage schöner Schattenpartien sind gemischte, nicht zu eng gepflanzte Gehölzgruppen ideal. Die Kombination von Blütensträuchern, Gehölzen mit schöner Laubfärbung oder Fruchtschmuck und Immergrünen schafft gute Voraussetzungen für vielfältige Staudenpflanzungen. Ähnlich lassen sich auch freiwachsende Hecken komponieren, die auf ansprechende Weise Sichtschutz bieten.

Verordnungen und Regelungen...

... müssen bei Gehölzpflanzungen an Grundstücksgrenzen und in Vorgärten berücksichtigt werden, ebenso beim Fällen oder Roden alter Bäume. Erkundigen Sie sich rechtzeitig nach Nachbarrechtsbestimmungen, Gestaltungsrichtlinien für die Straßenansicht oder Baumschutzverordnungen. Anlaufstellen sind Gemeindeverwaltungen, Grünflächenämter oder Baugenehmigungsbehörden. Auch in Kleingartensiedlungen gibt es häufig Vorschriften für die Gehölzpflanzung.

Geduldsübung

Neu angelegte Gärten oder Gartenteile sehen noch sehr leer aus. Das verleitet häufig dazu, zu viele Gehölze zu eng zu setzen, was nach einigen Jahren allerlei Probleme ergibt, nicht zuletzt in Form undurchdringlicher Schattenstreifen. Hier hilft nur Zurückhaltung und das Beachten späterer Breiten und Höhen.

Lücken in der Anfangszeit kann man mit Sommerblumen füllen oder mit Stauden und Zwiebelblumen, die sich später wesentlich einfacher verpflanzen lassen als Gehölze.

Wo baldige Beschattung oder Sichtschutz angestrebt wird, kann man sich z.B. in einer Baumschule nach schnellwachsenden Arten erkundigen oder gleich größere Junggehölze kaufen, die allerdings recht teuer sind.

Bis sie ihren Zweck erfüllen, lassen sich verschiedene „Interimslösungen" ins Auge fassen: Holzelemente, die mit einjährigen Kletterern schnell begrünt sind, hochwachsende Stauden, die bereits nach zwei bis drei Jahren die endgültige Wuchshöhe erreichen, und an Sitzplätzen natürlich Sonnenschirme und -segel.

Mühsame Kosmetik

Nachträgliche Korrekturversuche von Gehölzfehlpflanzungen sind immer aufwendig, oft aussichtslos. Zum Umpflanzen muß der Wurzelballen mit ausgegraben und bewegt werden, was mit normalem Gartengerät nach drei bis vier Standjahren meist unmöglich ist. Starker Rückschnitt bei Sträuchern führt häufig dazu, daß der Austrieb im nächsten Jahr mindestens ebenso hoch wächst, wie das, was weggeschnitten wurde. Das Kappen von Bäumen, z.B. von Birken, ergibt oft jämmerliche Anblicke und schafft auch nur zeitweise Erleichterung, was den Schattenwurf angeht.

Kräftiges Auslichten dagegen sorgt nicht nur für bessere Lichtverhältnisse, sondern verhindert auch ein Vergreisen von Gehölzen. Bei Sträuchern gehört es ohnehin zu den üblichen Pflegemaßnahmen. Gerade bei im Lauf der Jahre zu schattig gewordenen Partien kann man hier ruhig durchgreifen, wobei natürlich vorzugsweise überaltertes Holz entfernt werden sollte. Auch Bäumen, selbst Nadelgehölzen, schadet es kaum, wenn man ihnen einige große Äste direkt am Stamm wegnimmt, sofern das Gesamtbild des Gehölzes nicht beeinträchtigt wird.

🟩 *Entfernen dicker Äste:*
1) Zunächst sägt man den Ast nahe am Stamm bis zur Mitte hin von unten ein
2) Dann setzt man die Säge etwa 10 cm zur Astspitze hin versetzt von oben an und sägt den Ast ganz ab
3) Zuletzt wird der Stummel direkt am Stamm entfernt

Kann oder will man sich jedoch mit dem vorhandenen Schatten nicht arrangieren, bleibt als echte Lösung nur das Fällen zu großer Gehölze – eine mühselige und zudem nicht ganz ungefährliche Arbeit. Außerdem schmerzt dann doch der Verlust eines Baumes, der eigentlich schön anzusehen war und für teures Geld gekauft wurde.

Trutzige Mauern

Bleibt bei Gehölzen schlimmstenfalls der Griff zur Säge, so stellen einen Mauern vor vollendete Schatten-Tatsachen. Nur wer selbst ein Haus baut, kann ein wenig Einfluß auf den Faktor Gebäudeschatten nehmen. Doch in diesem Fall hat man meist andere Probleme als den späteren Lichtgenuß des Gartens. Zudem engen Grundstücksgröße und -lage, Bebauung der Nachbargrundstücke und Bauvorschriften den Spielraum der Gartengestaltung ein. Vielleicht kann man hier und da unerwünschten Schatten vermeiden, indem man auf einen großen Balkon ver-

zichtet, mit einem Carport statt einer massiven Garage vorliebnimmt, statt einer Begrenzungsmauer einen lichtdurchlässigen Zaun errichtet.

Besonders schwierige Gartenstandorte finden sich an Nordseiten von Häusern und Begrenzungsmauern. Wenn hier noch größere Gehölze dazukommen, direkt im Mauerschattenbereich oder zu den Seiten hin, kann kaum noch diffuses Licht zum Boden dringen. Ähnlich extreme Plätze stellen Durchgänge zwischen Haus und Garage dar, die von beiden Seiten durch Wände beschattet werden. Gelangt wenigstens stundenweise etwas Sonne hin, können hier allerdings alle ausgewiesenen Schattenpflanzen gedeihen, ähnlich wie in umschlossenen Innenhöfen. Günstige Pflanzplätze für schattenverträgliche Gewächse finden sich an nach Osten zeigenden Mauern und Gebäudewänden. Den Pflanzen kommt die milde Vormittagssonne zugute, vor der intensiveren Einstrahlung am Mittag sind sie geschützt. Wenn möglich, sollten Mauern und Wände einen hellen Anstrich erhalten, so daß sie nicht noch den letzten Rest des Lichts schlucken, sondern reflektieren. Ähnlich positive Wirkung kann auch eine helle Kieselfläche haben, die sich reizvoll mit der Bepflanzung kombinieren läßt. Wo man sich ab und zu im Schatten niederläßt, mögen selbst weiße Sitzmöbel ein wenig mehr Helligkeit in die Umgebung bringen. Ob auch weiße Blüten im Schatten zu merklich verbesserten Lichtausbeuten führen, sei dahingestellt; zumindest hellen sie dunkle Partien vorteilhaft auf. Ein weißer Anstrich vermindert zudem ein wenig die Wärmespeicherung und -abgabe von Mauern, die zu „trockenem" Schatten beiträgt.

Für den trockenen Mauerschatten gibt es attraktive Möglichkeiten, das Kleinklima günstig zu beeinflussen: Ein Sprudelstein, ein kleiner Schattenteich, eine künstliche Quelle oder, wo der Platz reicht, ein vorbeifließender Bachlauf sorgen in ihrer Umgebung für stetig erhöhte Luftfeuchte und erlauben somit eine vielfältigere Bepflanzung.

Wo andererseits Regenwasser hingelangt oder gar nicht abläuft, entstehen im windgeschützten Dauerschatten feuchte bis nasse Partien, die möglicherweise erst nach Dränagemaßnahmen eine Bepflanzung erlauben.

Ein heller Maueranstrich bringt nicht nur optisch Licht in dunkle Mauerecken

Ziergehölze für schattige Plätze

Gehölze sieht man in der Regel zuerst als Schattenspender und -verursacher, weniger als Gestaltungslösungen für dunkle Partien an. Keine Frage, der *Cotoneaster* als Bodendecker im Halbschatten gehört ebenso zum gängigen Repertoire wie schattenverträgliche Rhododendren und Eiben. Doch auch darüber hinaus haben Ziergehölze für lichtarme Plätze allerhand zu bieten, von Zwerg- über Blütensträuchern bis hin zu markant wirkenden Bäumen.

Großgehölze im Schatten

Es mag auf den ersten Blick überraschen, daß selbst viele große Bäume und Sträucher dunklen Stand vertragen. Doch auch gewaltige Gehölze, die im Garten nur einzeln gepflanzt werden, sind von Natur aus „gesellige Wesen" und müssen im gemischten Waldbestand mit dem Licht vorliebnehmen, das z.B. die noch höheren Eichen oder Buchen durchlassen. Allerdings wird man diese Eigenschaft mancher Großgehölze im räumlich beengten, ohnehin schattigen Garten selten nutzen können. Wo aber an der Grundstücksgrenze eine Gruppe aus hohen Kiefern oder Fichten abschirmt, vielleicht auch eine Rotbuche oder Eiche steht, läßt sich durch Vor- oder Zwischenpflanzen anderer Bäume ein waldähnlicher Eindruck erzielen. Hainbuchen, Ahorn-Arten, Ebereschen, teils auch Weißbirken können

hier durchaus wachsen. Als Unterholz bleiben sie in dieser kleinen Waldgemeinschaft deutlich niedriger als im freien Stand.

Umgekehrt geht es jedoch meist schief, wenn man größere Nadelgehölze im Kronenbereich von Laubbäumen pflanzt. Sie werden hier bald stark im Wuchs behindert. Außerdem dulden die wenigsten Nadelgehölze stärkeren Schatten. Größere Sträucher oder Bäume können auch in Verbindung mit Mauerschatten Verwendung finden, einzeln gestellt als Blickpunkt oder zum Kaschieren einer weniger schönen Wand. Hier oder auch in nicht zu kleinen Vorgärten übernehmen sie dann die Rolle eines Hausbaums. Gerade bei großwüchsigen Gehölzen sollte man stets den Zeitfaktor bedenken. Es dauert lange, etwa 10 bis 15 Jahre, bis sie zu der in Katalogen und Pflanzenlisten angegebenen Höhe herangewachsen sind. Im Alter können sie diese mittlere Größe noch weit überschreiten, gerade Nadelbäume erreichen dann oft ein Mehrfaches davon. Das werden allerdings erst die jeweils nachfolgenden Gärtnergenerationen miterleben.

Gehölze auswählen

Hier sei nochmals auf die Bedeutung der botanischen und Sortennamen hingewiesen, die bereits im Kapitel „Gehölze als Schattenwerfer" erwähnt wurde. Verschiedene Arten und Sorten können nicht nur im Wuchs sehr unterschiedlich sein, sondern auch in bezug auf die Standortansprüche. Der Hinweis „in Sorten" in den nachfolgenden Übersichten bedeutet, daß die reine Art für den Garten weniger empfehlenswert ist, häufig schon deshalb, weil sie wesentlich größer als die Züchtungen wird.

Ein wichtiges Auswahlkriterium, gerade bei kühlen, eventuell frostgefährdeten Schattenlagen, ist die Winterhärte. Auch hier gibt es deutliche Unterschiede zwischen den Arten und Sorten einer Gattung. Ebenso verhält es sich mit der Anfälligkeit für bestimmte Krankheiten. Erwähnt sei hier der Feuerbrand, eine nicht bekämpfbare, meldepflichtige Bakterienkrankheit, die in Obstanlagen verheerende Schäden anrichten kann. Unter den Wild- und Ziergehölzen können Weiß-, Apfel- und Rotdorn *(Crataegus*-Arten*)*, Feuerdorn *(Pyracantha)* und Zwergmispel *(Cotoneaster)* befallen werden. Auf besonders anfällige Arten sollte man gerade in Obstanbaugebieten verzichten. Mittlerweile gibt es einige resistente (widerstandsfähige) Sorten der genannten Gehölze, die den Vorzug verdienen. Es empfiehlt sich, fachkundige Beratung, z.B. in einer Baumschule, in Anspruch zu nehmen.

Was die Schattenverträglichkeit betrifft, kann man drei Gruppen unterscheiden:
1. Gehölze, die Schatten wie Sonne vertragen
2. Gehölze für Halbschatten bis (mäßigen) Schatten
3. Gehölze für Halbschatten bis Sonne
Dieser Einteilung entspricht auch die nachfolgende Pflanzenvorstellung, wobei Überschneidungen beim dehnbaren Begriff „Halbschatten" in Kauf genommen werden. Halbschattengewächse der zweiten Gruppe neigen mehr den dunkleren, feuchteren Plätzen zu, während die der dritten Gruppe eher zeitweilige Trockenheit und Mittagssonne vertragen.

Am besten pflanzt man zu zweit, so daß einer das Gehölz hält, während der andere die Erde einfüllt. Bei jungen Bäumen ist ein Stützpfahl empfehlenswert, der in Hauptwuchsrichtung eingeschlagen wird. Nach dem Einfüllen wird die Erde gut festgetreten, anschließend ist gründlich zu wässern. Um die Baumscheibe unkrautfrei zu halten, mulcht man später

Pflanztips

Junggehölze werden meist als Container-pflanzen (im Gefäß angezogen) oder mit Wurzelballen angeboten, der mit einem Tuch oder Drahtgeflecht umhüllt ist. Seltener erhält man ballenlose Pflanzware, z.B. bei Heckengehölzen. Containerpflanzen können praktisch das ganze Jahr über gesetzt werden, wobei das nicht unbedingt an den heißesten Sommertagen sein muß. Die andere Pflanzware kommt ab Oktober oder im Frühjahr in die Erde. Containerpflanzen nimmt man einfach aus dem Topf. Ballierte Pflanzen setzt man mit Ballentuch ein und löst dann die Verknüpfung; Draht oder Kunststoff müssen entfernt werden. Die Sohle des großzügig bemessenen Pflanzlochs sollte mit einer Grabegabel etwas gelockert werden.

Pflegetips

Gut eingewachsene Gehölze gehören zu den pflegeleichtesten Gartenpflanzen, sieht man vom gelegentlichen Auslichtungsschnitt und Entfernen abgestorbener Triebe ab. Nur bei einigen wenigen Halbschattensträuchern ist ein jährlicher Rückschnitt bis kurz über den Boden angebracht. Das fördert z.B. bei Johanniskraut *(Hypericum)* und Spiersträuchern *(Spiraea-Bumalda*-Hybriden) den neuen Blütenansatz.
Besonderes Augenmerk sollte gerade bei Schattenpflanzen der Bodenfeuchtigkeit gelten, vor allem bei nicht ganz optimalem Stand sowie in der ersten Zeit nach der Pflanzung. Bei Immergrünen ist darauf zu achten, daß sie auch im Winter Wasser verbrauchen und gegebenenfalls gegossen werden müssen. Besonders junge Pflanzen sowie Rhododendren sollten vor der Spätwintersonne geschützt wer-

Immergrüne Rhododendren sollten vor der intensiven Sonneneinstrahlung im Spätwinter geschützt werden, z.B. mit Fichtenzweigen an einem einfachen Gerüst

den, etwa durch eine davorgestellte Bastmatte oder Fichtenzweige.
Mulch ist in jedem Fall günstig, jedoch nicht in zu dicken Lagen. Über Winter allerdings können höhere Laubschichten den Wurzelbereich schützen, was sich vor allem in den ersten Standjahren empfiehlt. Für den Nährstoffbedarf genügt meist gute Kompostversorgung, in den Anfangsjahren muß eventuell mit organischem oder organisch-mineralischem Dünger nachgeholfen werden.

Gehölze ohne besondere Lichtansprüche

Pflanzen, die Schatten wie Sonne vertragen, sind bei der Gartenanlage und -gestaltung natürlich sehr willkommen. Sie können recht beliebig verwendet werden, der Wechsel der Lichtverhältnisse, der mit der Entwicklung eines Gartens einhergeht, tangiert sie wenig. Bei den meisten Blütengehölzen dieser Gruppe wird jedoch der Flor mit zunehmender Beschattung zurückhaltender.

Auch einige **markante Großgehölze** gedeihen an hellen wie an beschatteten Plätzen. Die riesige Roßkastanie *(Aesculus hippocastanum)* sei hier nur am Rande erwähnt, sie ist in Parks oder auf Dorfplätzen besser aufgehoben als im Garten üblicher Größe. Wer etwas mehr Platz hat, kann jedoch z.B. an Hainbuche *(Carpinus betulus)* oder Feldahorn *(Acer campestre)* Gefallen finden. Meist als Heckenpflanze verwendet, überzeugen sie mit schönem Wuchs und Laub auch im Einzelstand, werden dann zwischen 5 und 15 m hoch und ebenso breit. Noch größere Ausmaße

erreicht die Rotbuche *(Fagus sylvatica)*, die jedoch sehr langsam wächst. Von Hain- und Rotbuche gibt es auch Sorten mit schmälerem, säulenförmigem Wuchs. Alle genannten Arten sind gut schnittverträglich. Zudem eignen sie sich für die Pflanzung als Unterholz vor großen Nadel- und Laubbäumen.

Das gilt auch für Haselnuß und Kornelkirsche. Andererseits lassen sie sich, wie die übrigen Gehölze in der nachfolgenden Übersicht, auch einzeln stehend als „Hausbaumersatz" im kleineren Garten verwenden. Kleinere lichttolerante Sträucher für die verschiedensten Einsatzmöglichkeiten werden in der Übersicht rechts kurz vorgestellt.

Kleine Bäume, große Sträucher für ○—●		
Name	**Wuchs/Höhe/Zierwert**	**Ansprüche/Hinweise**
Kupferfelsenbirne, *Amelanchier lamarckii*	Strauch oder Baum; 6–8 m; weiße Blütentrauben, zahlreich, IV–V, dunkelblaue, eßbare Früchte, Herbstfärbung	normaler Boden; robust, verträgt Trockenheit
Etagenhartriegel, *Cornus alternifolia*	Strauch mit etagenförmigem Aufbau; 4–6 m; weiße Schirmrispen, V–VI, schöner Wuchs, glänzend purpurbraune Rinde, Herbstfärbung; Sorten mit panaschierten Blättern	normaler, bevorzugt frischer Boden
Pagodenhartriegel, *Cornus controversa*	Baum mit waagerecht ausgebreiteten Ästen; 8–10 m, ebenso breit; weiße Schirmrispen, VI, schöner Wuchs	humose, frische Böden; gegen Trockenheit empfindlich
Kornelkirsche, *Cornus mas*	Strauch, sparrig verzweigt; 3–6 m; kleine gelbe Blütendolden, III–IV, rote kirschenähnliche, eßbare Früchte	neutraler bis kalkhaltiger Boden; gut schnittverträglich
Haselnuß, *Corylus avellana*	Strauch, im Alter schirmförmig ausgebreitet; 4–6 m; hängende, gelbe Kätzchen, II–III, Sorte 'Contorta' Korkenzieherhasel, mit gedrehten Trieben, kleiner als die Art	normaler, auch trockener Boden; robust, sehr gut schnittverträglich

Name	Wuchs/Höhe/Zierwert	Ansprüche/Hinweise
Warzenberberitze, *Berberis verruculosa*	immergrüner Kleinstrauch; 1–1,5 m; schöner Wuchs, goldgelbe Blüten, V, schwarzblaue Beeren, VIII–X, giftig!	geringe Bodenansprüche; sehr frosthart, schnittverträglich
Weißer Hartriegel, *Cornus alba*	Strauch; 3–4 m; gelblichweiße Blütenrispen, V, Sorten mit panaschierten Blättern ('Argenteomarginata', 'Sibirica Variegata') und auffällig roter Rinde ('Sibirica', 'Kesselringii')	bodentolerant, bevorzugt frisch, kalkverträglich; kräftiger Verjüngungsschnitt möglich
Roter Hartriegel, *Cornus sanguinea*	Strauch, 2–5 m; weiße Schirmrispen, V–VI, schwarzviolette Früchte, gering giftig	geringe Bodenansprüche; bildet Wurzelausläufer; starker Rückschnitt möglich
Gelber Hartriegel, *Cornus sericea* 'Flaviramea'	Strauch; 1,5–3,5 m; leuchtend gelblichgrüne Rinde	geringe Bodenansprüche; bildet Wurzelausläufer
Johanniskraut, *Hypericum calycinum* 'Hidcote'	wintergrüner Kleinstrauch; 1–1,5 m; goldgelbe große Blüten, VII–X	normaler Boden; Ausbreitung durch Ausläufer
Berglorbeer, *Kalmia angustifolia* 'Rubra', *K. latifolia*	immergrüne Sträucher; *K. angustifolia* bis 1 m, *K. latifolia* 2–3 m; rosa Blütendolden bzw.-rispen, V–VI	frischer bis feuchter Boden, bevorzugt sauer
Kolkwitzie, *Kolkwitzia amabilis*	Strauch; 2–3 m; rosa Blütendolden, V–VI, schöner Wuchs	normaler Boden; anspruchslos
Tatarische Heckenkirsche, *Lonicera tatarica*	Strauch; 3–4 m; weißrosa Blüten, V–VI; rote Beeren, VII–VIII, giftig!	normaler Boden, verträgt Trockenheit
Mahonie, *Mahonia aquifolium*	immergrüner Kleinstrauch; 0,8–1,2 m; gelbe Blütentrauben, IV–V, schwarzblaue Beeren	durchlässiger, humoser, Boden; verträgt Wurzeldruck großer Bäume, auch für Birkenunterpflanzung geeignet
Lorbeerkirsche, *Prunus laurocerasus*	immergrüner Strauch; 1–5 m, je nach Sorte; weiße aufrechte Blütentrauben, V–VI, schwarzrote, giftige Beeren, glänzend dunkelgrünes Laub	normaler Boden, kalkverträglich
Zwergeibe, *Taxus cuspidata* 'Nana'	ausladender Zwergnadelstrauch; 1–2 m; schöne Benadelung	normaler, bevorzugt frischer Boden, kalkverträglich
Eibe, *Taxus* x media 'Hicksii' und 'Hillii'	breit säulenförmiger Nadelstrauch; 3–4 m; 'Hicksii' mit roten Scheinfrüchten, giftig!	normaler bis feuchter Boden, kalkliebend, robust, schnittverträglich

Gehölze für Halbschatten bis Schatten

Die Mehrzahl schattenverträglicher Ziergehölze ist für Halbschatten ausgewiesen, wächst aber auch an sonnigen Plätzen. Diese Gruppe wird im nächsten Unterkapitel beschrieben. Die hier vorgestellten Arten brauchen dagegen zumindest ganztägig den lichten Schatten größerer Gehölze, können teils auch in stärkerem Schatten gedeihen. Entsprechend ist den meisten die Vorliebe für frische bis feuchte Böden gemein.

Aesculus parviflora ◑–●
Strauchkastanie

Es muß nicht die gewaltige Roßkastanie sein; die markante Laubform kann man sich auch mit der 3–4 m hohen Strauchkastanie in den Garten holen, die sich im Juli und August mit großen weißen Rispen schmückt. Sie wird allerdings mit den Jahren sehr ausladend, wächst deutlich breiter als hoch und bildet zahlreiche Ausläufer. Die Strauchkastanie ist wärmeliebend, aber frosthart und gedeiht auf normalem Gartenboden.

Camellia ◑
Freilandkamelien

Lange Zeit wurden die aparten Kamelien in unseren Breiten nur als Zimmer- oder Kübelpflanzen kultiviert. Doch einige bewährte Sorten erwiesen sich in Tests als einigermaßen winterhart, neue frostverträgliche Züchtungen kamen hinzu. So ertragen manche C.-Williamsii-Hybriden und C. japonica-Sorten bis −18°C und können durchaus an einem geschützten Platz, z.B. nahe einer Mauer im Garten, gepflanzt werden.
Sicherheitshalber sollte man den Wurzelbereich über Winter mit einer dicken Laubschicht abdecken, bei Frostgefahr auch Fichtenreisig und Sackleinen bereithalten. Die immergrünen Pflanzen dürfen außerdem weder der Spätwintersonne noch starken Winden ausgesetzt sein. Sie brauchen frischen, humosen, tiefgründigen und sauren Boden sowie erhöhte Luftfeuchte. Zum Gießen darf nur kalkfreies Wasser verwendet werden. Das Beachten dieser speziellen Ansprüche lohnen die bis 2 m hohen Sträucher mit prächtigen, teils gefüllten Blüten im Frühjahr. Empfehlenswerte Freilandsorten sind u.a. ‘Debbie’ (rosa, gefüllt), ‘Donation’ (rosa, halbgefüllt), ‘Adolphe Auduson’ (rot, halbgefüllt) und ‘Bella Romana’ (weiß-rosa, rotgestreift, gefüllt).

Aesculus parviflora

Camellia

Enkianthus campanulatus

Fuchsia magellanica

Enkianthus campanulatus   ◑–●
Prachtglocke

Von Mai bis Juni trägt dieser Strauch kleine Dolden mit rötlichweißen, maiglöck-
chenartigen Blüten. Er wird etwa 3 m
hoch, das schmucke Blattwerk an den eta-
genförmig angeordneten Ästen färbt sich
im Herbst auffallend rot, seltener gelb. Als
Kalkflieher läßt sich die Prachtglocke gut
mit Rhododendren kombinieren, verträgt
aber auch neutralen Boden, sofern er
frisch bis feucht ist. Der Standort sollte
etwas geschützt sein.

Holodiscus discolor var. ariifolius

Fuchsia magellanica   ◑–●
Scharlachfuchsie

Anders als die Balkonfuchsien ist diese Art
winterhart, eine Laubabdeckung als Winterschutz ist jedoch empfehlenswert. Die
oberirdischen Teile frieren allerdings in
der Regel zurück, weshalb der 0,8–1 m
hohe Strauch teils auch als Staude geführt
wird. Kräftiger Rückschnitt im Herbst fördert den Neuaustrieb, der von Juli bis Sep-
tember/Oktober scharlachrote Fuchsien-
blüten hervorbringt.

Holodiscus discolor var. ariifolius   ◑
Scheinspiere

Dieser hübsche Strauch verträgt theore-
tisch Sonne, reagiert allerdings sehr
empfindlich auf Hitze und Trockenheit,
weshalb man ihn besser zu den Halbschattenpflanzen zählt. An den überhängenden Trieben erscheinen im Juli und
August bis 25 cm lange, weiße Blütenrispen. Das 2–3 m hohe und ebenso breite
Gehölz überzeugt besonders bei Einzelstellung und wächst auf frischem, humosem Boden.

Hydrangea sargentiana

Hydrangea-Arten ◑
Hortensien

Hortensien sind zum Teil als „Omapflan-
zen" in Verruf geraten; wen das nicht stört,
der findet hier eine Fülle attraktiver Arten
und Sorten für beschattete Partien. Statt
der bekannten großen Blütenbälle bringen
manche Hortensien Schirmrispen mit bis
zu 30 cm Durchmesser hervor, um die
kreisförmig andersfarbige Randblüten ange-
ordnet sind.
Hier eine kurze Vorstellung der wichtigsten
Arten; die Sträucher werden meist ebenso
breit wie hoch:

- Ballhortensie, *Hydrangea arbores-
  cens* 'Grandiflora': 1–1,5 m, weiße
  Blütenbälle, VII–IX
- Samthortensie, *Hydrangea sargentiana:*
  2–3 m, Schirmrispen innen hell-
  violett, Randblüten weiß, VII–VIII
- Gartenhortensie, *Hydrangea macrophylla:* je nach Sorte 1–3 m; Schirmrispen oder Blütenbälle, rot, blau, violett oder weißlich, VI–IX
- Rispenhortensie, *Hydrangea panicu-
  lata* 'Grandiflora': 2–3 m; Schirmrispen, weiß, im Verblühen rosa, VII–IX

- Bauernhortensie, *Hydrangea serrata*
  in Sorten: 1–1,5 m; zweifarbige
  Schirmrispen; VII–VIII; Sortenbeispiele:
  'Acuminata': innen bläulich, Randblüten weißrosa, 'Bluebird': blau-pur-
  pur, 'Rosalba': rot-weißrosa

Hortensien brauchen humosen, durchläs-
sigen und feuchten Boden. Die meisten
gedeihen nur in schwach saurer bis saurer
Erde; Sorten der Gartenhortensie, die hier
in Blautönen blühen, färben sich auf alka-
lischen Böden rötlich. Wind- und frostex-
ponierte Plätze sind nicht geeignet. Ball-,
Samt- und manche Gartenhortensien sind
nicht zuverlässig frosthart, treiben aber
nach eventueller Schädigung wieder aus.
Erfrorene Pflanzenteile sollten umgehend
entfernt werden.

Ilex aquifolium ◑–●
Stechpalme

Die Stechpalme kann als Baum mit etwa
10 m Höhe oder als Strauch wachsen beziehungsweise gezogen werden. In Strauch-
form erreicht sie je nach Sorte 2–8 m Höhe
und 1–4 m Breite; dies allerdings erst nach

Ilex aquifolium

vielen Jahren, da sie sehr langsam wächst. Zierend sind sowohl das immergrüne, dunkle, glänzende Laub als auch die giftigen Beeren in leuchtenden Rot- und Orangetönen. Diese erscheinen ab September und können bei den Sorten bis zum Winter haften. Bewährte Sorten sind 'I. C. van Tol' und 'Pyramidalis' sowie 'Argenteomarginata' mit weißbunten Blättern. Hitze und Trockenheit vertragen Stechpalmen ebensowenig wie Wintersonne; ein geschützter Platz nahe großen Bäumen und auf frischem Boden ist optimal.

Pieris-Arten ◑—●
Schattenglöckchen

Die Einzelblütchen dieser Gehölze ähneln denen von Prachtglocke beziehungsweise Maiglöckchen. Sie sitzen hier an 10–20 cm langen Rispen, die bei *Pieris japonica* hängen, bei *P. floribunda* aufrecht stehen. Die erstgenannte Art blüht von März bis April und wird bis 4 m hoch und breit; *P. floribunda* blüht von April bis Mai und begnügt sich mit 2 m Höhe. Beide Schattenglöckchen haben immergrünes, attraktives Laubwerk. Sie bevorzugen nährstoffarme, eher feuchte Böden, mögen keinen Kalk und passen somit gut in die Gesellschaft von Rhododendren oder Hortensien.

Pieris japonica 'Flaming Silver'

Rhododendron-Hybride

Rhododendron ◑—(●)
Rhododendron, Azalee, Alpenrose

Abgesehen von den Rosen gibt es wohl kaum Gartenpflanzen, die solch eine Formen- und Sortenvielfalt bieten wie die Rhododendren. Der „Normalverbraucher", der vielleicht drei oder vier schöne Exemplare in seinem Garten haben will, steht allerdings vor einem Wirrwarr von Bezeichnungen, Namen und unterschiedlich eingeteilten Rhododendron-Gruppen. Wer hier das Optimale sucht, kommt nicht umhin, sich mit spezieller Literatur auseinanderzusetzen. Andernfalls sollte man schlicht aus dem vorhandenen Angebot in Baumschulen oder Katalogen auswählen, was gefällt, und dabei auf folgende Punkte achten:
● Wuchshöhe: Sie kann zwischen 0,5 und 3 m liegen. Einige Sorten der großblumigen Hybriden erreichen im Alter sogar bis 5 m und werden ebenso breit.

43

- Immergrün oder laubabwerfend: Die Mehrzahl der Rhododendren behält das Laub über Winter, Ausnahme sind die sogenannten Sommergrünen Azaleen. Die Japanischen Azaleen bleiben bei günstigen Bedingungen wintergrün.
- Frosthärte: Hier gibt es deutliche Sortenunterschiede, nach denen man sich erkundigen sollte. *Repens*-Hybriden und Sommergrüne Azaleen sind zum überwiegenden Teil zuverlässig winterhart, Japanische Azaleen brauchen in der Regel Winterschutz.

Die Blüte erstreckt sich meist über zwei bis vier Wochen im Mai und/oder Juni. Einzelne Sorten entfalten ihren Flor bereits Ende April, die sommergrünen Hybriden blühen oft erst im Juni. Die untenstehende Übersicht stellt die wichtigsten Rhododendren-Gruppen mit ihren Eigenschaften vor. Die wenigen Beispiele bekannter, bewährter Sorten sollen vor allem als Anhaltspunkt dienen.

Rhododendren gelten als die Schattenblüher schlechthin, man kann eingewachsene Exemplare finden, die sogar im mäßigen Dauerschatten Jahr für Jahr ihren Flor entfalten. Trotzdem blühen sie bei hellerem Stand besser, viele Sorten vertragen auch Sonne; Mittagsbeschattung oder lichter Schatten genügt den meisten für eine gute Entwicklung. Humoser, durchlässiger, ausreichend feuchter, kalkfreier Boden ist ein Muß. Der pH-Wert sollte zwischen 4,5 und 5,5 liegen.

Rhododendren im Überblick	
Gruppe	**Wuchs/Blüte/Sortenbeispiele**
Großblumige *Rhododendron*-Hybriden und *R.-Williamsianum*-Hybriden	1,5–3 m hoch und breit; große rundliche Blütenstände, meist Rosa-, Rot-, Violettöne, auch weiß und gelblich; 'August Lamken', 'Catawbiense Boursault', 'Cunningham's White', 'Dr. H.C. Dresselhuys', 'Roseum Elegans'
Rhododendron-Repens-Hybriden (*R.-Forrestii*-Hybriden, Zwergrhododendren)	0,5–1 m hoch, bis 1,2 m breit, langsam wachsend, auch für Pflanzgefäße geeignet; lockere Blütenstände aus großen Einzelblüten, meist rot; 'Bad Eilsen', 'Baden-Baden', 'Mannheim', 'Scarlet Wonder'
Rhododendron-Yakushimanum-Hybriden	0,5–1 m hoch, bis 1,5 m breit; besonders schönes Laub; reichblühend mit großen, kompakten Blütenständen, meist Rosa-, Rot-, Violettöne, auch weiß und gelblich, oft mit schöner Zeichnung; 'Edelweiß', 'Marlies', 'Nicoletta', 'Polaris'
Rhododendron-Japonicum-Hybriden (Japanische Azaleen)	bis 1 m hoch, oft in die Breite wachsend; zahlreiche kleine Blüten, leuchtende Rosa- und Rottöne, auch weiß; 'Diamant', 'Kermesina', 'Rosalind', 'Schneeglanz'
Sommergrüne *Rhododendron*-Hybriden (Sommergrüne Azaleen)	1,5–2 m hoch, bis 2,5 m breit; meist kompakte Blütenstände mit mittelgroßen bis großen Einzelblüten, neben Weiß und Rosa häufig auch Orange-, Lachs- und Gelbtöne; 'Fireball', 'Goldtopas', 'Persil', 'Sarina'

Rubus odoratus　◑—●
Dufthimbeere

Die roten Früchte dieser Himbeerart sind im Geschmack nicht umwerfend, dafür verströmen die purpurnen Blüten von Juni bis August einen angenehmen Duft. Der 1,5 m hohe Strauch bietet außerdem schön geformte Blätter. Frisch bis feucht, humos, nährstoffreich – die Bodenansprüche gleichen denen der meisten anderen Halbschattengehölze.

Rubus odoratus

Skimmia japonica　◑—●
Skimmie

Einzeln wie in kleinen Gruppen kann dieser hübsche, bis 1,50 m hohe und ebenso breite Strauch Schattenplätze zieren. Über dem immergrünen, glänzenden Laub erscheinen im Mai aufrechte weiße Blütenrispen, aus denen sich zahlreiche rote, kugelige Früchte entwickeln, die bis zum Herbst haften. Skimmien brauchen frischen bis feuchten Boden und sollten etwas windgeschützt stehen.

Skimmia japonica

Viburnum rhytidophyllum　◑—●
Runzelblättriger Schneeball

Die einzige immergrüne Schneeballart stellt zugleich die schattenverträglichste dar. Der 3–4 m hohe Strauch gedeiht gut im Mauerschatten, sofern der Boden humos, locker und nicht zu trocken ist. Eindrucksvoll sind die namengebenden sehr großen, dunkelgrünen Blätter. Die im Mai bis Juni erscheinenden cremeweißen Schirmrispen duften etwas streng. Daraus entwickeln sich anfangs rote, später schwarze Früchte.

Viburnum rhytidophyllum

Gehölze für Halbschatten bis Sonne

Die Mehrzahl unserer Gartengehölze verträgt leichte oder halbtägige Beschattung ebenso wie Sonne; Bäume und Sträucher, die ausschließlich bei voller Sonneneinstrahlung gedeihen, wären wohl schneller aufgeführt. Die nachfolgende Auswahl und Darstellung muß sich notgedrungen beschränken. Für viele Gehölze dieser Gruppe gelten bereits beschriebene Zusammenhänge. Zum einen: Je mehr Sonne, desto mehr (Boden-)Feuchte wird nötig. Zum anderen: Im Streu- oder Halbschatten eingewachsener, großer Bäume und Sträucher bleiben hochwüchsige Arten kleiner.

Laubbäume

Bei genügend Raum für schöne, über 20 m Höhe erreichende Baumgestalten bieten sich Sorten der Winter- und Sommerlinde *(Tilia cordata, T. platyphyllos)* oder die Säuleneiche, *Quercus robur* 'Fastgiata', an. Mit 6–10 m Höhe begnügen sich Scheinbuche *(Nothofagus antarctica)* und der sehr ausladende Eisenholzbaum *(Parrotia persica).* Beide beeindrucken durch herrliche Herbstfärbung. Damit können auch Schlangenhaut- und Rostbartahorn *(Acer capillipes, A. rufinerve)* dienen, ihre weißgestreifte Rinde sorgt zudem selbst im Winter für einen hübschen Blickfang. Noch auffälliger ist die glänzend orangefarbene Rinde der Kupferbirke *(Betula albosinensis),* die wie die ebengenannten bis 10 m hoch werden kann. In die Gruppe der kleinen Bäume gehört auch *Fraxinus ornus,* die Blumenesche, mit attraktivem Habitus und zahlreichen duftenden weißen Blüten im Frühsommer.

Solche Wuchshöhen und besonders zierende Eigenschaften prädestinieren für die Rolle als prägnantes Solitärgehölz oder Hausbaum. Hierzu lassen sich weiterhin einige Gattungen und Arten zählen, die als Großstrauch ebenso wie als kleiner Baum wachsen können, nämlich Eschenahorn, Goldregen, Essigbaum, Glanzmispel und Ebereschen. Diese werden in den nachfolgenden Übersichten kurz vorgestellt.

Blütensträucher

Von markanten Großsträuchern wie Blumenhartriegel bis zu anmutigen Zwerggehölzen wie dem Rosmarinseidelbast reicht das Angebot an Blütengehölzen für lichten bis Halbschatten. Am schattigeren Standort fällt allerdings der Flor oft spärlicher aus als bei höherem Lichtgenuß. Viele der hier genannten Sträucher warten nach der Blüte mit ansehnlichen Früchten auf, teilweise wirken sie zudem durch attraktive Laubfärbung im Herbst. Die meisten können im Einzelstand überzeugen, oft findet man sie aber auch als Bestandteil von Gehölzgruppen und freiwachsenden Hecken.

Kerria japonica

Deutscher und botanischer Name	Wuchs-höhe	Blüte/Fruchtschmuck/Hinweise
Felsenbirne, *Amelanchier laevis*	2–4 m	weiß, in hängenden Trauben, V; blauschwarze, eßbare Früchte
Zierquitten, *Choenomeles*-Arten und -Hybriden	1–2(3) m	in Rottönen oder weiß, in Büscheln, III–IV oder IV–V; teils zierende, apfelähnliche Früchte
Blumenhartriegel, *Cornus florida, C. kousa, C. nuttallii*	4–6 m	weiße oder rosa Hochblätter (Brakteen), V–VI, sehr attraktive Wuchsform
Scheinhasel, *Corylopsis*-Arten	1–2 m	gelb, in hängenden Trauben, III–IV oder IV–V
Maienseidelbast, *Daphne x burkwoodii* 'Somerset'	bis 1 m	rosa, später weiß, in Büscheln, V; ungiftige Art
Rosmarinseidelbast, *Daphne cneorum*	0,1–0,4 m	rosa, in Büscheln, IV–V; in allen Teilen giftig!
Seidelbast, *Daphne mezerum*	bis 1,2 m	rosa, in Büscheln, Sorte 'Alba' weiß; Sorte 'Rubra Select' dunkelkarminrot; III; in allen Teilen giftig!
Maiblumenstrauch, *Deutzia gracilis*	bis 1 m	weiß, zahlreich, V–VI
Forsythie, *Forsythia x intermedia* in Sorten	2–3 m	gelbe Glöckchen, zahlreich, III–IV
Zaubernuß, *Hamamelis*-Arten und -Hybriden	3–5 m	gelb, in Büscheln, Hybridsorten von Gelb über Orange bis zu dunklem Rot, I–III
Ranunkelstrauch, *Kerria japonica*	1–2 m	gelb, bei 'Pleniflora' gefüllt, IV–V
Goldregen, *Laburnum anagyroides, L. x watereri* 'Vossii'	5–7 m	gelb, in hängenden Trauben, V–VI; Früchte sehr giftig!
Gartenjasmin, *Philadelphus coronarius, P.*-Hybriden	2–4 m	weiß, nur bei *P. coronarius* duftend, V–VI (VII); Sorten teils kleiner
Fingerstrauch, *Potentilla fruticosa* in Sorten	0,6–1 m	gelb, weiß, rosa oder rot, V–IX
Blutjohannisbeere, *Ribes sanguineum* in Sorten	1,5–2 m	dunkelrot, in hängenden Trauben, IV–V
Holunder, *Sambucus*-Arten	2–6 m	weiße Schirmrispen, IV–V; schwarze oder rote Beeren
Frühblühende Spiersträucher, *Spireaea*-Arten	1,5–2,5 m	weiße Doldentrauben, IV–V (VI)
Sommerspiere, *Spiraea-Bumalda*-Hybriden	bis 1 m	rote Schirmrispen, VII–IX
Sommergrüne Schneebälle, *Viburnum*-Arten	2–3 m	weiße Blütenbälle oder Schirmrispen, V–VI; teils mit roten Früchten
Weigelie, *Weigela florida, W.*-Hybriden	1,5–3 m	rosa, rote oder weiße Blütenbüschel, V–VI

Gehölze mit attraktivem Laub oder Fruchtschmuck

Obwohl einige der hier aufgeführten Arten auch ganz hübsche Blüten hervorbringen, werden sie doch vor allem wegen ihres dekorativen Blattwerks, wegen besonders eindrucksvoller Herbstfärbung oder schmückender, oft lange haftender Früchte in den Garten geholt. Einige haben gleich alle drei genannten Vorzüge zu bieten. Häufig kommt auch eine besonders ansprechende Wuchsform hinzu, beispielsweise bei den Ahornarten oder beim Korkflügelstrauch.

Solche Gehölze stellt man vorzugsweise einzeln, damit sie gut zur Geltung kommen. Viele der Fruchtschmuckgehölze dagegen werden gern mit Blütensträuchern kombiniert, so daß die Gehölzgruppen oder Hecken auch im Spätjahr etwas zu bieten haben.

Gehölze mit attraktivem Laub oder Fruchtschmuck für ◑-○		
Deutscher und botanischer Name	Wuchshöhe	Zierwert/Hinweise
Feuerahorn, *Acer ginnala*	5–8 m	leuchtendrote Herbstfärbung
Japanischer Feuerahorn, *Acer japonicum* 'Aconitifolium'	3–4 m	attraktives, tief gelapptes Laub, leuchtendrote Herbstfärbung; Sorte 'Aureum' im Austrieb und im Schatten goldgelbe Blätter
Eschenahorn, *Acer negundo* in Sorten	5–7 m	attraktives Laub mit hellen Flecken oder Rändern; Sorten 'Aureomarginatum', 'Flamingo', 'Variegatum'
Fächerahorn, *Acer palmatum*	3–5 m	karminrote Herbstfärbung; 'Atropurpureum' dunkelrot belaubt
Schlitzahorn, *Acer palmatum* 'Dissectum'-Formen	1,5–3 m	attraktives, tief geschlitztes Laub, gelborange Herbstfärbung; Sorten 'Dissectum', 'Dissectum Garnet', 'Dissectum Nigra', 'Ornatum' ganzjährig rot
Große Blutberberitze, *Berberis x ottawensis*	3–4 m	dunkelrotes Laub, orangerote Herbstfärbung, gelbe Blütchen, V, hellrote Früchte
Heckenberberitze, *Berberis thunbergii*	1,5–2 m	orangefarbene bis rote Herbstfärbung, gelbe Blütchen, V, rote Früchte; rotblättrige Sorten 'Atropurpurea', 'Red Chief'; Sorten teils kleiner als die Art
Schönfrucht, *Callicarpa bodinieri* var. *giraldii*	2–3 m	perlenartige, violette Früchte in Büscheln, von Sommer bis Herbst
Purpurhasel, *Corylus maxima* 'Purpurea'	2–4 m	attraktives schwarzrotes Laub, rötliche Blütenkätzchen, III–IV
Strauchmispeln, *Cotoneaster bullatus, C. multiflorus*	2–4 m	rote Beeren, gelbe bis orangefarbene Herbstfärbung, *C. multiflorus* mit zahlreichen weißen Blütchen, V–VI

Gehölze mit attraktivem Laub oder Fruchtschmuck für ◑–○ (Fortsetzung)		
Deutscher und botanischer Name	**Wuchs- höhe**	**Zierwert/Hinweise**
Korkflügelstrauch, *Euonymus alata*	2–3 m	karminrote Herbstfärbung, interessante Wuchsform
Pfaffenhütchen, *Euonymus europaea, E. planipes*	1,5–3 bzw. 4–5 m	orangerote Herbstfärbung, rosa oder rote Früchte, giftig!
Korallenbeeren-Ilex, *Ilex verticillata*	2,5–3 m	zahlreiche auffällige, lang haftende rote Beeren, gelborange Herbstfärbung, weiße Blütchen, VI–VII
Heckenkirschen, *Lonicera ledebourii, L. maacki*	2–3 bzw. 4–6 m	schwarze bzw. rote Beeren, Blüte gelb-rot *(L. ledebourii)*, weiß *(L. maackii)*, V–VI
Glanzmispel, *Photinia villosa*	3–5 m	orangerote Herbstfärbung, leuchtendrote, apfelförmige Früchte
Blutpflaume, *Prunus cerasifera* 'Nigra'	5–7 m	schwarzrotes Laub, rote Früchte, weiße Blü- tenbüschel, III–IV
Zwergblutpflaume, *Prunus x cistena*	1,5–2 m	braunrotes, glänzendes Laub, dunkelrote Früchte, rosa Blütenbüschel, IV–V
Essigbaum, *Rhus typhina*	4–6 m	dekoratives, gefiedertes Laub, orange- bis scharlachrote Herbstfärbung; auffällige kolben- artige Früchte; Sorte 'Dissecta' 2–4 m hoch
Ebereschen, *Sorbus*-Arten	4–10 m	rote Beeren, weiße Schirmrispen, V–VI
Schneebeere, *Symphoricarpos*-Arten	1,5–2 m	weiße oder rot-weiße Beeren, giftig!

 *Acer palmatum*

 *Euonymus planipes*

Immergrüne Laubsträucher

Ähnlich wie die vorgenannten Arten zieren die hier aufgeführten vor allem durch Laub und Fruchtschmuck. Das immergrüne Blattwerk macht man sich meist zunutze, indem man sie in Hecken verwendet, doch sie lassen sich auch in kleineren Gruppen zur Gehölzunterpflanzung oder in Einzelstellung einsetzen. Der Buchsbaum kann, wie der Name schon sagt, auch als Baumgestalt gezogen werden und als Solitär überzeugen. Die sehr aparte Schmuckblattmahonie sollte man in jedem Fall einzeln, an einen etwas geschützten Platz setzen.

Vor einigen Jahren wäre in dieser Liste noch ein weiterer, besonderer Strauch zu empfehlen gewesen, der winterharte, halbschattenverträgliche Gartenbambus, *Sinarundinaria* (synonym: *Fargesia*) *murielae.* Doch Mitte der 90er Jahre demonstrierte diese Pflanze drastisch eine Eigenart der Bambusse: Sie kommen nur alle paar Jahrzehnte oder gar Jahrhunderte zur Blüte, und zwar sämtliche Exemplare einer Art zum selben Zeitpunkt; danach sterben sie ab. Ob man die Pflanzen auf Dauer erhalten kann, indem man frühzeitig die blütentragenden Triebe entfernt, ist noch umstritten. Wer das fernöstliche Flair dieser Pflanzengruppe schätzt, sollte sich in spezialisierten Gärtnereien nach Arten erkundigen, bei denen in den nächsten Jahrzehnten nicht mit der Blüte zu rechnen ist.

■ *Pyracantha-Hybride*

Immergrüne Laubsträucher für ◑-○		
Deutscher und botanischer Name	**Wuchshöhe**	**Zierwert/Hinweise**
Berberitzen, *Berberis* x *frikartii*, *B. gagnepainii*, *B. hookeri*, *B.* x *media* 'Parkjuwel', *B.* x *stenophylla*	1,5–3 m	gelbe Blüten, V–VI, blauschwarze oder rote Beeren, giftig! glänzend dunkelgrünes Laub; *B.* x *media* nur wintergrün
Buchsbaum, *Buxus sempervirens* var. *arborescens*	3–5 m	glänzend dunkelgrünes Laub, bei 'Bullata' und 'Rotundifolia' bläulichgrün
Japanischer Ilex, *Ilex crenata* in Sorten, Amerikanischer Ilex, *I.* x *meservae* in Sorten	1–2 m	attraktive, glänzend dunkelgrüne Blätter, schwarze bzw. rote Früchte, giftig bzw. ungenießbar; Sorten teils niedriger
Schmuckblattmahonie, *Mahonia bealei*	1,5–2,5 m	attraktive, glänzend dunkelgrüne Blätter, gelbe Blütentrauben, II–V, bläulich-schwarze Beeren
Feuerdorn, *Pyracantha coccinea*, *P.*-Hybriden	1–4 m	glänzend dunkelgrünes Laub, rote, orange oder gelbe Früchte, je nach Sorte

Nadelgehölze

Bei den Gehölzen, die Sonne wie Schatten vertragen, wurden bereits einige Nadelsträucher erwähnt. Den meisten Arten sollte man jedoch nicht mehr als Halbschatten zumuten, sofern sie überhaupt geminderten Sonnengenuß vertragen. Doch Nadelgehölzen, die etwas höhere Luft- und Bodenfeuchte verlangen, bekommt der Schutz größerer Bäume mit lichten Kronen gut. Das gilt auch für hochwachsende Nadelbäume, die während des Jugendstadiums recht viel Schatten vertragen.

Die hohen **Tannen** *(Abies)* brauchen meist den Jugendschatten, aus dem sie mit der Zeit herauswachsen, so z.B. Weißtanne *(A. alba)*, Nikkotanne *(A. homolepis)* und Veitschtanne *(A. veitchii)*. Unter den Kleinbäumen gilt die Koreatanne *(A. koreana)* als halbschattenverträglich, ebenso ihre Zwergform 'Compacta'. Weitere kleine Tannen für lichten bis Halbschatten sind Zwergbalsamtanne, *A. balsamea* 'Nana', und Zwerggrautanne, *A. concolor* 'Compacta'.

Alle Arten und Sorten der **Scheinzypresse** *(Chamaecyparis)* gedeihen noch im Halbschatten, zumal sie zu trockenen Stand und grelle Spätwintersonne recht schlecht vertragen. Sie sind auch in absonnigen Vorgärten oder Höfen gut aufgehoben. Die Art *C. lawsoniana* hat ein gewaltiges Spektrum an Sorten zu bieten, mit Höhen zwischen 1 und 10 m, säulen-, kugel- oder breit kegelförmigem Wuchs, sattgrüner, bläulicher oder goldgelber Benadelung. Die Nutkascheinzypressen *(C. nootkatensis)* mit – je nach Sorte – zwischen 8 und 20 m Höhe und überhängenden Zweigen können auch als Hausbaum Verwendung finden, ebenso hohe Feder- oder Fadenzypressen wie *C. pisifera* 'Plumosa' und 'Squarrosa'. Von *C. pisifera* gibt es auch hübsche kleinere Formen bis hinunter zur nur 0,5 m hohen, halbkugelförmigen 'Filifera Nana'. Zwischen 1,5 und 3 m erreichen die Sorten von *C. obtusa;* besonders schön ist die Muschelzypresse 'Nana Gracilis', die mit ihren muschelförmig gedrehten Zweigen auch Pflanzgefäße zieren kann.

Die **Sicheltanne** *(Cryptomeria japonica)* hält es ebenfalls im Halbschatten aus und hat neben 6–8 m hohen, kegelförmigen Sorten mit 'Vilmoriniana' auch eine hübsche Zwergform zu bieten.

Unter den **Wacholdern** *(Juniperus)* wären an schattenverträglichen Arten der kleine, breitwüchsige Kriechwacholder *(J. horizontalis)* sowie der stattliche Sadebaum *(J. sabina* 'Mas') zu nennen. Von den vielen Sorten des Strauchwacholders *(J. chinensis)* eignen sich vor allem 'Keteleeri', 'Pfitzeriana' und 'Spartan' für etwas dunkleren Stand; sie wachsen zwischen 3 und 8 m hoch und bis zu 6 m breit.

Chamaecyparis obtusa 'Nana Gracilis' findet auch in einem Pflanzgefäß Platz

51

Mit den großen **Fichten** *(Picea)* verhält es sich ähnlich wie bei den Tannen: Rotfichte *(P. abies)* und Sitkafichte *(P. sitchensis)* können gut im Schatten größerer Gehölze heranwachsen, sofern genügend Luft- und Bodenfeuchte gewährleistet sind. Die Serbische Fichte *(P. omorika)* verträgt absonnigen Stand im Gebäudeschatten. Unter den kleineren Arten wird lediglich *P. glauca* als halbschattentolerant eingestuft; von ihr gibt es die 2–3 m hohe 'Conica' (Zuckerhutfichte) sowie die 0,5–0,8 m kleine Blaue Igelfichte, 'Echiniformis'. Wenig Auswahl hat man bei **Kiefern** *(Pinus),* wenn's um beschattete Partien geht. Im lichten Schatten gedeihen nur *P. mugo* 'Gnom' und 'Mops' sowie *P. sylvestris* 'Watereri' (1,5–3 m), außerdem die bis 10 m hohe Säulenkiefer *P. sylvestris* 'Fastigiata'.

Ganz anders sieht es bei den **Eiben** *(Taxus)* aus. Alle Sorten von *T. baccata* und *T.* x *media* darf man bis in den Halbschatten „rücken"; die Bandbreite an Wuchshöhen und -formen ist fast ebenso groß wie bei den Scheinzypressen, wobei zum meist satt dunkelgrünen Nadelkleid teilweise noch die roten, beerenähnlichen Scheinfrüchte kommen. Die sind jedoch, ebenso wie alle anderen Pflanzenteile, giftig. An besonders zierenden Formen seien hier nur einige *T.-baccata*-Sorten erwähnt: Säuleneibe 'Fastigiata' (3–5 m), Goldeibe 'Aureovariegata' (3–5 m, tiefgelbe Benadelung), 'Nissens Corona' und 'Nissens Präsident' (bis 2,5 m hoch, bis 6 m breit). Ähnlich formenreich und ebenso halbschattenverträglich ist der **Abendländische Lebensbaum** *(Thuja occidentalis)*. Obwohl meist – und zeitweise inflationär – als Heckenpflanze verwendet, gehören auch schmucke Formen für Einzelstellung

zum Sortiment. So z.B. die goldgelb benadelte 'Rheingold' (2–4 m), die im Austrieb gelbe, später dunkler werdende 'Sunkist' (3–5 m), die säulenförmige 'Holmstrup'; für Rabatten und Pflanzgefäße eignen sich die Zwergformen 'Danica' und 'Recurva Nana'.

Pflanzgefäße im Halbschatten können schließlich auch die **Zwerghemlocktannen** *(Tsuga canadensis)* 'Jeddeloh' und 'Nana' zieren; beide eignen sich zudem für absonnige Steingartenpartien.

Bodendecker

Bei manchen lichtarmen Partien ist eine vielseitige Bepflanzung nicht möglich oder auch nicht beabsichtigt. Hier können Boden- und Flächendecker weiterhelfen, meist Kleingehölze, die sich durch Ausläufer selbst verbreiten, oder etwas höhere, breitwüchsige Arten, die in Gruppen gepflanzt werden. Darunter finden sich echte Problemlöser für besonders widrige Standortverhältnisse.

Manche der nachfolgend genannten begrünen sogar tiefen Schatten, wie Johanniskraut, Efeu und Schattengrün. Spezialistin für saure Standorte ist die Rote Teppichbeere *(Gaultheria procumbens)*. Nicht ganz so schattenverträglich, aber ausgesprochen robust sind die *Cotoneaster*-Arten; bei ihnen sollte man allerdings auf feuerbrandresistente Sorten Wert legen.

Der Einsatz von Bodendeckern soll ja meist unerwünschten Wildwuchs unterdrücken. Das tun diese – häufig konkurrenzstarken – Gehölze auch. Allerdings schadet es nichts, in den ersten Jahren regelmäßig zwischen den Pflanzen zu jäten. Denn nichts wächst an schwierigen Standorten besser als Gewächse, die sich dort von selbst ansiedeln.

Bodendecker für schattige Standorte

Name	Wuchshöhe	Hinweise
Polsterberberitze, *Berberis buxifolia* 'Nana'	50–80 cm	○–●; immergrün; robust, trockenresistent
Teppichhartriegel, *Cornus canadensis*	10–20 cm	◑–●; wintergrün, Blüte mit zierenden weißen Hochblättern, VI, rote Früchte; ausläuferbildend
Zwergmispel, *Cotoneaster dammeri* in Sorten	20–100 cm, je nach Sorte	○–◑; immergrün, zahlreiche rote Beeren; robust
Felsenmispel, *Cotoneaster praecox*	80–120 cm	○–●; zahlreiche weiße Blütchen, V, orangerote Beeren, rote Herbstfärbung; trockenresistent
Kriechspindel, *Euonymus fortunei* in Sorten	10–100 cm , je nach Sorte	○–◑; immergrün, einige Sorten mit weißen oder gelben Blatträndern, z.B. 'Emerald'n Gold', 'Variegatus'
Rote Teppichbeere, *Gaultheria procumbens*	bis 20 cm	◑–●; immergrün, Laub im Winter rötlich, weißrosa Blütenglöckchen, VI–VII, rote Beeren von Herbst bis Frühjahr, ausläuferbildend
Efeu, *Hedera helix*	10–20 cm	◑–●; immergrün, buntblättrige Sorten; anspruchslos, mäßig trittfest
Johanniskraut, *Hypericum calycinum*	20–30 cm	○–●; wintergrün, goldgelbe Blüten, VII–X; ausläuferbildend
Kriechwacholder, *Juniperus horizontalis*	30–50 cm	○–◑; Nadelgehölz mit flach ausgebreitetem Wuchs (bis 2,5 m), blaugrüne Benadelung; anspruchslos und robust, trittfest
Fächerwacholder, *Microbiota decussata*	30–50 cm	○–●; Nadelgehölz mit flach ausgebreitetem Wuchs (bis 2 m breit), Benadelung grün, im Winter bronzefarben; robust, trittfest
Schattengrün, *Pachysandra terminalis*	20–30 cm	◑–●; immergrün, weiße Blüten, IV–V; ausläuferbildend
Immergrün, *Vinca major, V. minor*	20–30 cm	○–●; immergrün, blauviolette Blüten, V–IX, buntblättrige sowie weiß- und rötlichblühende Sorten; ausläuferbildend

 *Vinca minor*

 *Cornus canadensis*

Heckengehölze

Ob als Sichtschutz, Grundstücksbegrenzung oder 'Raumteiler' – für Hecken gibt es im Garten viele Einsatzmöglichkeiten. Häufig genug soll die grüne Wand einzelne, größere Gehölze ergänzen und muß deshalb in deren Schatten heranwachsen. Auch für Vorgärten, selten auf der Sonnenseite zu finden, werden oft schattenverträgliche Heckengehölze gebraucht. Nicht gerade arbeits-, aber platzsparend sind **Schnitthecken,** die regelmäßig mit der Schere auf eine bestimmte Breite und Höhe begrenzt werden. Für sommergrüne **hohe Hecken** kämen z.B. in Frage: Feldahorn *(Acer campestre)*, Hainbuche *(Carpinus betulus)*, Kornelkirsche *(Cornus mas)*, Rotbuche *(Fagus sylvatica)* und Liguster *(Ligustum vulgare)*, der auch wintergrüne Sorten bietet.

Für immergrüne Hecken über 2 m lassen sich zahlreiche Sorten der Scheinzypresse

■ *Für kleine Hecken geeignet: Ribes alpinum*

(Chamaecyparis lawsoniana), der Eiben *(Taxus baccata, T. x media)* und der Lebensbäume *(Thuja occidentalis, T. plicata)* einsetzen, außerdem Rotfichte *(Picea abies)* und Hemlocktanne *(Tsuga canadensis)*. Auch Leylandzypressen (x *Cupressocyparis leylandii)* vertragen noch Halbschatten.

Eiben-, Lebensbaum- und Scheinzypressensorten kann man zum Teil durch Schnitt auf 1–2 m Höhe begrenzen. Für **mittelhohe Schnitthecken** eignen sich auch viele immergrüne Laubgehölze wie *Berberis julianae,* Buchsbaum *(Buxus sempervirens* var. *sempervirens)*, Stechpalme *(Ilex aquifolium)* und Feuerdorn *(Pyracantha*-Arten). Zu den Sommergrünen dieser Kategorie zählen Blutberberitze *(Berberis* x *ottawensis* 'Superba'), Weißdorn *(Crataegus*-Arten) und der bereits erwähnte Liguster.

Für **kleine Hecken** (0,5–1 m Schnitthöhe) an beschatten Plätzen gibt es unter anderem folgende Immergrüne: Lanzenberberitze *(Berberis gagnepainii* var. *lanceifolia)*, Einfassungsbuchs *(Buxus sempervirens* 'Suffruticosa'), Immergrüne Heckenkirsche *(Lonicera nitida)*, Lorbeerkirsche *(Prunus laurocerasus)*. Sommergrüne derselben Wuchs- beziehungsweise Schnitthöhe sind z.B. *Berberis thunbergii* 'Red Pillar', Alpenjohannisbeere *(Ribes alpinum* 'Schmidt') und verschiedene Spiersträucher *(Spiraea*-Arten).

Gerade bei kleinen, blühenden Heckensträuchern sieht es häufig besser aus, wenn man sie nicht ganz so streng und häufig schneidet. Wo es weder Probleme mit dem Platz noch mit dem Nachbarn gibt, kann man auch größere Gehölze etwas mehr gewähren lassen und so eine mäßig freiwachsende Hecke erzielen. Bei manchen Sträuchern führt zu seltener Schnitt allerdings zu einer Verkahlung im unteren Bereich.

Gemischte **freiwachsende Hecken** wirken sehr natürlich, werden allerdings bald raumgreifend. Den schönsten Effekt erzielt man, wenn man Gehölze mit verschiedenen Blütezeiten kombiniert, dazu auch Immergrüne sowie Arten mit Fruchtschmuck und schöner Herbstfärbung gesellt. Bei kleineren Heckenbreiten sollte man sich jedoch etwas beschränken und nicht zu viele Arten auf engem Raum zusammenpflanzen. Für freiwachsende Hecken eignen sich die meisten der in den Übersichten vorgestellten Laubsträucher, sofern sie keinen ausgesprochen lockeren Wuchs aufweisen. Das A und O solcher Zusammenstellungen sind möglichst einheitliche Ansprüche, sowohl in bezug auf den Boden als auch im Hinblick auf die Schattenverträglichkeit.

Klettergehölze

Die absonnige Mauer, der Zaun im dunklen Eingangsbereich, der Carport im Häuserschatten – Bedarf an schattenverträglichen Kletterpflanzen gibt es genug. Die bekannteste für solche Zwecke ist sicher der Efeu *(Hedera helix)* mit seinen immergrünen, erst gelappten, im Alter rautenförmigen Blättern. Er wächst anfangs sehr langsam, wird später dann um so einnehmender, läßt sich aber beliebig schneiden. Ebenfalls gut schattenverträglich und langsamwachsend ist die Kletterhortensie *(Hydrangea anomala* ssp. *petiolaris)* mit dunkelgrünem Laub und weißen Blütendolden im Sommer. Für Halbschatten bis Schatten eignen sich außerdem Pfeifenwinde *(Aristolochia macrophylla)* und Kletterspindel *(Euonymus fortunei* var. *radicans).* Die Pfeifenwinde überzeugt mit ihren großen tiefgrünen, herzförmigen, einander überlappenden Blättern. Die sehr langsam-

wachsende Kletterspindel hat etwas kleinere, aber immergrüne Blätter zu bieten, die bei einigen Sorten panaschiert (gelbgrün gemustert) sind.

Eine Ausnahme unter den normalerweise sonnenliebenden Kletterrosen stellt die Sorte 'Golden Showers' dar. Sie entfaltet ihre hübschen gelben Blüten sogar recht zahlreich und üppig an einer Nordwand. Die Mehrzahl der übrigen Kletterpflanzen bevorzugt zwar Beschattung im Fuß- beziehungsweise unteren Bereich, will aber früher oder später mit den Triebspitzen in sonnigere Gefilde gelangen. Einigen kann man noch Halbschatten zumuten, wobei Arten mit auffälligem Flor hier nicht mehr ganz so reich blühen. Folgende Klettergehölze gedeihen in Sonne bis Halbschatten: Strahlengriffel *(Actinidia arguta, A. kolomikta),* Baumwürger *(Celastrus orbiculatus),* Gemeine Waldrebe *(Clematis vitalba),* Schlingknöterich *(Fallopia aubertii),* Geißblatt *(Lonicera-* Arten), Wilder Wein *(Parthenocissus-* Arten).

■ *Das Waldgeißblatt ist eine schöne Kletterpflanze, die sich auch mit Halbschatten zufrieden gibt*

Stauden für
schattige Plätze

Geben Gehölze dem Garten, auch im Schatten, einen Rahmen, so bieten Stauden eine reichhaltige Palette, mit der sich das Gesamtbild dauerhaft mit Farbe versehen läßt. Stauden sind ähnlich wie Gehölze mehr oder weniger langlebig, mit dem Unterschied, daß ihre Triebe nicht oder kaum verholzen. Es gibt einige Grenzfälle, die mal den Stauden mal den Gehölzen zugeordnet werden. Hierzu zählen z.B. Schattengrün *(Pachysandra),* Immergrün *(Vinca)* und Johanniskraut *(Hypericum),* die in diesem Buch bei den Ziergehölzen aufgeführt sind.

Stauden überdauern den Winter mit Hilfe von Rhizomen, sehr kräftigen Wurzeln, Zwiebeln oder Knollen, in die sie Reservestoffe einlagern. Rhizome werden auch Wurzelstöcke genannt, sind aber verdickte Sprosse, die meist horizontal unter der Erde verlaufen und den Pflanzen auch zur Ausbreitung dienen. Daran sitzen neben den eigentlichen Wurzeln farblose Niederblätter sowie Knospen für neue Triebe. Bei den meisten Stauden sterben die oberirdischen Teile im Herbst beziehungsweise nach der Büte ab, sie ziehen ein, wie man auch sagt, und treiben erst im Frühjahr wieder aus. Nur wenige sind winter- oder immergrün, wie beispielsweise Bergenien und manche Bodendecker.

Stattliche Pflanzenhorste, hohe Blütenstengel über rosettenartigem Blattwerk, niedrige Polster oder am Boden kriechende, mit Blüten besetzte Triebe – die Vielfalt der Wuchsformen erlaubt die unter-

schiedlichsten Verwendungsmöglichkeiten. Selbst wenn man sich auf Schattenstauden beschränkt, hat man zudem noch ein recht breites Spektrum an Blütenfarben zur Verfügung. Doch gerade bei den Arten für dunklere Partien spielt auch zierendes Blattwerk eine große Rolle, man denke nur an Funkien, Schaublatt oder Farne. Schließlich zählen auch ausdauernde Gräser zu den Stauden, von denen einige ebenfalls mit ansprechenden Blättern und ausgesprochen hübschem Wuchs aufwarten.

Stauden auswählen

Ebenso wie bei Gehölzen empfiehlt es sich bei Stauden, genau auf den botanischen beziehungsweise Artnamen zu achten. Auch hier weisen verschiedene Arten ein- und derselben Gattung deutliche Unterschiede in bezug auf Eigenschaften und Standortansprüche auf. Die Sortennamen bezeichnen zwar teils Formen mit besonders hohem oder kräftigem Wuchs; so starke Sortenunterschiede wie bei

■ *Gemswurz, Doppelsporn und Kaukasusvergißmeinnicht gehören zu den vielen schattenverträglichen Blühern, die ihren Flor jedes Jahr aufs neue entfalten*

Gehölzen sind jedoch selten. In der Hauptsache geht es um verschiedene Blütenfarben oder -formen, wobei sich natürlich auch aus diesem Grund eine gute Kenntnis des Sortenangebots lohnt. Dabei sollte man stets berücksichtigen, daß die Art beziehungsweise Sorte der Wahl mit ihren Begleitern, ob Stauden oder Gehölzen, harmonieren muß. Eine Pflanze kann für sich noch so attraktiv sein, in unpassender Umgebung verliert sie stark an Wirkung. Einige Tips zur Abstimmung finden sich im nachfolgenden Kapitel „Schön im Schatten".

Ob man reich- und großblütige Sorten oder die „reine" Art wählt, ist oft Geschmackssache. Bei naturnahen Gehölzunterpflanzungen z.B. können bescheidenere Formen stimmiger wirken als Züchtungen mit auffälligen, gefüllten Blüten. Wo sich eine Pflanze am Gehölzrand durch Aussaat selbst verbreiten soll, geht das meist nur mit der Art, viele Sorten und Hybriden versamen sich kaum. Manche der nachfolgend aufgeführten Pflanzen fallen unter die Kategorie Wildstauden, also züchterisch wenig bearbeitete Formen, mit denen man bei Schattenpflanzungen häufiger zu tun hat als beim Anlegen von sonnigen Rabatten. Viele Staudengärtnereien und Pflanzenversender bieten heute solche Arten an. Eine Pflanzenbeschaffung in Wald und Flur ist deshalb nicht nötig und nach den Naturschutzverordnungen auch nicht zulässig. Manche Schattenstauden stehen unter besonderem Schutz, z.B. Blauer und Gelber Eisenhut sowie der Straußfarn.

Bei der Wahl von Stauden für beschattete Plätze ist zunächst die einfache Frage sinnvoll, ob mehrere Stunden direkte Besonnung einfällt beziehungsweise vertragen wird. Dementsprechend sind die folgenden Kurzvorstellungen gegliedert nach:

1. Stauden für Halbschatten bis Schatten
2. Stauden für Halbschatten bis Sonne
Anders als bei den Gehölzen gibt es hier nur sehr wenige Arten ohne besondere Lichtansprüche. Das beschränkt sich im wesentlichen auf Bergenien und Frauenmantel *(Alchemilla mollis)* sowie einige Gräser.

Winterharte Zwiebel- und Knollenblumen, ebenfalls zu den Stauden zählend, werden gesondert vorgestellt. Hinweise auf Schattenspezialisten für Steingarten und Teich finden sich bei den Gestaltungstips im nachfolgenden Kapitel. Die Größenangaben in den Übersichten stellen jeweils mittlere Wuchshöhen dar.

Pflanztips

Gerade bei Neuanlagen sollte man frühzeitig an Bodenvorbereitung und -verbesserung denken. Wo noch kein Kompost zur Verfügung steht, kann man anfangs käufliche Humussubstrate einsetzen. Sehr wichtig ist zudem eine gründliche Säuberung des Pflanzplatzes von hartnäckigen Unkräutern inklusive Wurzeln und Rhizome. Die Zeit, die man hierfür vor der Staudenpflanzung investiert, macht sich später auf jeden Fall bezahlt.

Herbst (ab Mitte September) und Frühjahr (ab Mitte März) sind die besten Pflanztermine. Frostempfindliche Arten sowie Ziergräser und Farne setzt man günstiger erst im Frühjahr, auch Herbstanemonen wachsen dann besser an. Ein anderer Zeitpunkt empfiehlt sich für Frühjahrsblüher wie Bergenien, Primeln und Gemswurz *(Doronicum):* Sie werden nach der Blüte, im späten Frühjahr oder Frühsommer gepflanzt.

Vor dem Einsetzen verteilt man die Pflanzen in vorgesehener Position auf der Fläche, um eventuell noch Anordnung und Pflanzabstände zu korrigieren. Häufig werden Staudenpflanzungen zu „vollgestopft", was späteres Umpflanzen nötig macht, sofern dann konkurrenzschwache Arten nicht bereits untergegangen sind. Als Richtlinie kann gelten: Der Abstand beziehungsweise Freiraum um die Pflanze sollte etwa der Hälfte der späteren Wuchshöhe entsprechen.

Größere Flächen bepflanzt man von hinten nach vorn. Dazu nimmt man die Pflanzen vorsichtig aus dem Topf und kürzt beschädigte sowie sehr lange Wurzeln ein. Das Pflanzloch sollte so groß sein, daß der Wurzelballen bequem hineinpaßt, die Pflanze darf jedoch nicht tiefer in den Boden kommen, als sie vorher im Topf stand. Die Erde wird eingefüllt und kräftig angedrückt, anschließend wird gründlich gewässert.

Es kann sich als nützlich erweisen, wenn man die einzelnen Pflanzstellen mit Stecketiketten markiert. Manche der einziehenden Stauden treiben im Frühjahr erst spät aus; wenn man genau weiß, wo sie sitzen, erleichtert das frühzeitiges, behutsames Jäten zwischen den Pflanzen.

Pflegetips

In den ersten Wintern nach der Pflanzung empfiehlt sich ein leichter Schutz durch eine – nicht zu dicke – Laubschicht und etwas Reisig, bei nicht ganz so robusten Stauden wie Tränendes Herz *(Dicentra spectabilis)* oder Wachsglocke *(Kirengeshoma)* sollte man das auch in den folgenden Jahren beibehalten. Teilweise ist entsprechender Schutz durch Fallaub im Gehölzschatten ja ohnehin gegeben.

In den Sommermonaten – und hier wieder ganz besonders während der Anwachszeit – sind eine regelmäßige Feuchtigkeitskontrolle und, wenn nötig, kräftiges Wässern unerläßlich. Dies gilt auch bei austrocknender Frühlingssonne, vor allem dort, wo immergrüne oder früh austreibende Arten unter noch unbelaubten Gehölzen stehen.

Staudenpflanzung: Die Pflanzen werden auf der Fläche verteilt. Dabei sollte man bereits auf ausreichend große Abstände achten

Die Pflanze wird so eingesetzt, daß der Ballenrand bzw. der Sproßansatz mit der Erdoberfläche abschließt. Dann Erde auffüllen, kräftig andrücken und die Pflanze durchdringend wässern

Das mehrfach erwähnte Mulchen ist grundsätzlich empfehlenswert, zum einen, um die Bodenfeuchtigkeit zu bewahren, zum andern, um Unkrautaufwuchs zu unterdrücken. Man muß allerdings auch einen Nachteil des Mulchens an feuchten, schattigen Plätzen erwähnen: Unter solchen Schichten verkriechen sich gern Schnecken, die besonders junge Stauden bis zum Totalfraß schädigen können. In stark schneckengeplagten Gärten oder Zeiten sollte man nur trockenes Mulchmaterial (Gehölzhäcksel, Rindenmulch) ausbringen, das die Schnecken weniger lieben, oder bei anhaltenden Regenfällen die Mulchschicht entfernen, was allerdings recht aufwendig ist. Eine weitere Möglichkeit wäre das Ausbringen schneckenabwehrender Duftstoffe, wie sie der Fachhandel anbietet.

Hartnäckige Unkräuter wie Distel, Kriechender Hahnenfuß und verschiedene Gräser lassen sich selbst durch eine permanente Mulchschicht nicht ganz in Schach halten. Bis die Stauden gut eingewachsen sind, was auch bei Bodendeckern einige Jahre dauern kann, hilft nur häufiges, sorgfältiges Jäten. Dies natürlich um so mehr, wenn der Boden unbedeckt ist; dann sollte auch regelmäßig zwischen den Stauden gelockert werden.

Inwieweit man Abgeblühtes entfernt oder Stauden nach der Blüte zurückschneidet, hängt vom Charakter der Bepflanzung ab. Bei beetstaudenähnlichen Gewächsen in Rabatten wird man solche Maßnahmen durchführen, Wildstauden in lockerer Anordnung dagegen läßt man mehr oder weniger unberührt. Allerdings kann man auch bei naturnahen Pflanzungen dezent eingreifen, z.B. Gewächse, die mit starker Ausbreitung andere bedrängen, auslichten oder überhandnehmenden Nachwuchs selbstaussäender Arten entfernen. Hohe

und sehr locker wachsende Arten müssen gegebenenfalls an Stützstäben aufgebunden beziehungsweise mit Schnüren, Ringen oder ähnlichem zusammengehalten werden.

Fallaub, Mulch und vor allem Kompost reichen meist für die Nährstoffversorgung aus, bei dürftigen Böden bedarf es allerdings regelmäßiger Gaben eines organischen Handelsdüngers, bis sich im Lauf der Jahre genügend Humus gebildet hat. Eine solche Zusatzdüngung kann auch bei besonders großen, starkwüchsigen Stauden nötig sein.

Stauden für Halbschatten bis Schatten

Zwischen, vor, unter Bäumen und Sträuchern, am mehr oder weniger schattigen Gehölzrand – dort finden sich die geeigneten Pflanzorte für die hier vorgestellten Stauden. Viele lassen sich auch im Mauerschatten einsetzen. Nicht alle dulden ständige, starke Beschattung, doch auch die für Halbschatten ausgewiesenen Arten vertragen direkte Sonneneinstrahlung nur in Maßen. Meistens wird etwas höhere Boden- und Luftfeuchte verlangt, der Boden sollte humos, nährstoffreich, leicht sauer bis neutral sein. Ausnahmen bei den Bodenansprüchen sind jeweils angemerkt.

Große Stauden

Für die Einstufung als „groß" zählt hier nicht nur die Wuchshöhe, sondern auch der oft stattliche, horstartige Habitus dieser Stauden. Man pflanzt sie meist nur in kleinen Gruppen oder einzeln, in beetähnlichen Kombinationen übernehmen sie die Funktion von Leitstauden. Eine Ausnah-

Deutscher und botanischer Name	Wuchs-höhe	Blüte	Ansprüche/Hinweise
Blauer Eisenhut, *Aconitum napellus*	110 cm	blauviolett, VII–VIII	◑–●; mehrere Sorten, auch weißblühende, giftig!
Gelber Eisenhut, *Aconitum vulparia*	80 cm	hellgelb, VI–VII	◑–●; auch tiefer Schatten; giftig!
Herbstanemone, *Anemone hupehensis*	100 cm	rosa, VIII–IX	◑; mehrere Sorten in verschiedenen Rosatönen
Japananemone, *Anemone-Japonica*-Hybriden	100 cm	weiß, einfach, VIII–X	◑; mehrere Sorten in Rosa, Rot und Weiß; teils halbgefüllt
Scheinanemone, *Anemonopsis macrophylla*	80 cm	violett, VII–VIII	◑–●; kühl, aber windgeschützt; farnartige Blätter
Engelwurz, *Angelica gigas*	150 cm	purpurfarben, VI–VIII	◑–●; große, tellerförmige Blüten-stände
Geißbart, *Aruncus dioicus*	150 cm	gelblichweiß, VI–VII	◑–●; Ausbreitung durch Selbst-aussaat
Prachtspiere, *Astilbe-Arendsii*-Hybriden	90 cm	rosa, rot, weiß, VI/VII/VIII–IX	◑–●; früh-, mittel- und spät-blühende Sorten mit Wuchshöhen zwischen 70 und 120 cm
Prachtspiere, *Astilbe-Thunbergii*-Hybriden	100 cm	rosa, weiß, VII–VIII	◑–●; mehrere Sorten, graziler Wuchs
Waldglockenblume, *Campanula latifolia* 'Macrantha'	100 cm	dunkelviolett, VI–VII	◑–●; Sorte 'Alba' mit weißen Blüten
Augustsilberkerze, *Cimicifuga dahurica*	200 cm	weiß, VIII–IX	◑–●; eine der eindrucksvollsten Silberkerzen

me bildet die Staudenwicke als Kletter-pflanze mit langen Blattranken. Die anderen Stauden brauchen schon etwas mehr Platz, eingezwängt zwischen Ast-werk können sie sich nicht so recht ent-falten. Auch die Konkurrenz durch flach-streichende Gehölzwurzeln wird nicht immer vertragen, vor allem Anemonen und Astilben gedeihen nur auf gering durchwurzelten Böden.

Rodgersia podophylla 'Rotlaub'

Deutscher und botanischer Name	Wuchs-höhe	Blüte	Ansprüche/Hinweise
Lanzensilberkerze, *Cimicifuga racemosa* var. *cordifolia*	160 cm	gelblichweiß, VIII–IX/X	◐–●; straff aufrechte Blütenstände
Julisilberkerze, *Cimicifuga racemosa* var. *racemosa*	180 cm	weiß, VII–VIII	◐–●; frühestblühende Silberkerze
Septembersilberkerze, *Cimicifuga ramosa*	200 cm	cremeweiß, IX	◐–●; Sorte 'Atropurpurea' mit braunrotem Laub
Oktobersilberkerze, *Cimicifuga simplex*	140 cm	weiß, IX–X	◐–●; bewährte Sorte: 'Armleuchter' mit dichtblütigen Trauben
Staudenwicke, *Lathyrus latifolius*	200 cm	weiß, rosa, VI–VIII	◐; Kletterpflanze für Zäune und Mauern
Greiskraut, *Ligularia*-Arten und -Hybriden	110 cm	gelb, VII–VIII/IX	◐, frische bis feuchte Böden; Hybriden *L.* x *hessei* bis 180 cm hoch
Scheinmohn, *Meconopsis betonicifolia*	100 cm	blau, VI–VIII	◐–●; kühler Stand bei hoher Luftfeuchte
Lampionblume, *Physalis alkekengi* var. *franchetii*	100 cm	gelblichweiß, VII	◐; kalkliebend; ballonartige orangerote Früchte (IX), schön für Trockensträuße; wuchernd
Schaublatt, *Rodgersia*-Arten	80 cm	weiß, grünlich-weiß, VI–VII	◐–●; sehr große dekorative Blätter, von den Blütenständen um bis zu 50 cm überragt
Wiesenraute, *Thalictrum dipterocarpum*	180 cm	hellviolett, VII–VIII	◐–●; saurer Boden, auch für kühlen Mauerschatten

Aruncus dioicus

Mittelgroße Stauden

Sehr vielfältig sind die Erscheinungsformen in der mittleren „Etage". Einige, wie Schattenblume oder Sterndolde, eignen sich für naturnahe Gehölzvor- und -zwischenpflanzungen, andere, wie Funkien und Akeleien, können auch Beete und Rabatten in halbschattiger Lage zieren. Ausläuferbildende und Selbstaussäende wie das Kaukasusvergißmeinnicht bieten sich gut für flächige Pflanzungen an, während die Wachsglocke nur in Einzelstellung zur Geltung kommt. Ziemlich einzigartig ist das Christophskraut, nicht nur wegen seines Fruchtschmucks, sondern auch, weil es selbst an schwierigen Stellen unter Nadelbäumen gedeiht.

61

Deutscher und botanischer Name	Wuchs-höhe	Blüte	Ansprüche/Hinweise
Christophskraut, *Actaea*-Arten	50 cm	weißlich, V–VI	◑; zierende Beeren (VII–IX, giftig!), bei *A. rubra* rot, bei *A. spicata* schwarz, bei der bis 80 cm hohen *A. pachypoda* weiß
Frauenmantel, *Alchemilla mollis*	40 cm	grünlichgelb, VI–VII	◑–●; auch ○ anspruchslos; Ausbreitung durch Selbstaussaat
Akelei, *Aquilegia vulgaris, A.*-Hybriden	50 cm	blau, violett, rot, weiß, gelb, V–VI	◑; auch kalkhaltiger Boden; *A.*-Hybriden mit zahlreichen Sorten, teils zweifarbig
Zwergprachtspiere, *Astilbe chinensis* var. *pumila*	40 cm	violettrosa, VIII–IX	◑–●; Ausbreitung durch Rhizome, Flächendecker
Prachtspiere, *Astilbe-Japonica*-Hybriden	60 cm	rosa, rot, weiß, VI–VII	◑–●; zahlreiche Sorten in verschiedenen Tönen der genannten Farben
Sterndolde, *Astrantia major*	60 cm	weißlichrosa, VII–VIII	◑; auch kalkhaltiger Boden; glänzendgrüne, gelappte Blätter
Bergenie, *Bergenia cordifolia, B.*-Hybriden	35 cm	weiß, rosa, rot, IV–V	◑–●; auch ○ anspruchslos; zahlreiche Sorten, wintergrün, teils mit schöner Herbst-/Winterfärbung
Kaukasusvergißmein-nicht, *Brunnera macrophylla*	50 cm	blau, IV–V	◑–●; große herzförmige Blätter, Vermehrung durch Selbstaussaat
Knäuelglockenblume, *Campanula glomerata*	60 cm	blau-violett, VI–VII	◑; kalkhaltiger Boden; Verbreitung über Wurzelausläufer, Sorte 'Superba' mit weißer Blüte
Götterblume, *Dodecatheon meadia*	40 cm	lilarosa, V–VIII	◑; kalkfreier Boden; Sorte 'Alba' mit weißer Blüte
Mandelblättrige Wolfs-milch, *Euphorbia amygdaloides* var. *robbiae*	40 cm	grünlichgelb, IV–V	◑–●; „Blüten"farbe durch große, kräftig gefärbte Hochblätter, wintergrün, ausläuferbildend, giftiger Milchsaft!

Astilbe japonica 'Europa'

Aquilegia-Hybride

Mittelgroße Stauden für ◐–● (Fortsetzung)			
Deutscher und botanischer Name	Wuchs-höhe	Blüte	Ansprüche/Hinweise
Christrose, *Helleborus*-Hybriden	40 cm	rosa, rot, III–IV	◐–●; stattliche Büsche mit glänzend dunkelgrünem Laub und reicher Blüte
Schneerose, *Helleborus niger*	25 cm	weiß, XII–III	◐–●; kalkhaltiger Boden; Sorte 'Praecox' mit weißer Blüte von X–XII
Riesenweißrandfunkie, *Hosta crispula*	60 cm	hellviolett, VII–VIII	◐–●; langgespitzte Blätter mit weißem, gewelltem Rand
Graublattfunkie, *Hosta fortunei*	60 cm	hellviolett, weiß, VII–VIII	◐–●; zahlreiche Sorten mit gemusterten Blättern sowie blaugrünem Laub
Lanzenfunkie, *Hosta lancifolia*	40 cm	hellviolett, VIII–IX	◐–●; Blätter glänzend dunkelgrün, Blattstiele purpurn gefleckt
Blaublattfunkie, *Hosta sieboldiana*	50 cm	hellviolett, weiß, VII	◐–●; blaugrüne Blätter, 'Aureomarginata' mit gelbem Rand
Weißrandfunkie, *Hosta sieboldii*	40 cm	hellviolett, VII–VIII	◐–●; Blätter mit schmalem weißem Rand, auch reingrüne Sorten mit weißer Blüte
Wellblattfunkie, *Hosta undulata*	60 cm	hellviolett, VII	◐–●; sehr lange, stark gewellte Blätter, Sorten mit unterschiedlichsten Mustern
Wachsglocke, *Kirengeshoma palmata*	60 cm	zitronengelb, VIII–X	◐; wachsartige Blüten, sehr schöne Wuchsform
Salomonssiegel, *Polygonatum*-Arten	70 cm	weiß, V–VI	◐–●; bewährte, dekorative Sorte, *P. hybridum* 'Weihenstephan'
Etagenprimel, *Primula-Bullesiana*-Hybriden	40 cm	gelb bis rot, pastellfarben, VI–VII	◐; boden- und luftfeucht; ähnlich sind *P. beesiana* (purpurosa), *P. bulleyana* (orange), *P. japonica* (rote und weiße Sorten)
Sommerprimel, *Primula florindae*	50 cm	hellgelb, VII–VIII	◐; boden- und luftfeucht; Hybridsorten in Rot- und Brauntönen
Schattenblume, *Smilacina racemosa*	60 cm	weiß, V–VI	◐–●; rote Beeren, V–VI
Krötenlilie, *Tricyrtis hirta*	50 cm	weiß-lila, VIII–IX	◐–●; kalkfreier Boden; Sorte 'Alba' mit weißen Blüten

 *Bergenia crassifolia*

 *Hosta ventricosa*

Kleine Stauden

Ausgesprochen zahlreich sind die Stauden, die sich „im Schatten ducken". Hier findet man viele Bodendecker, die sich mit kriechendem Wuchs ausbreiten und teilweise mit tiefem oder gar Vollschatten vorliebnehmen. Durch Wurzelausläufer oder starkes Rhizomwachstum können sie bald große Flächen überziehen.

Typische Waldpflanzen brauchen oft besondere Bodenverhältnisse. Buschwindröschen z.B. genügt humoser Gartenboden nicht, sie benötigen eine halbverrottete Auflageschicht aus Laub, um anzuwachsen. Auch Haselwurz und Wald-

meister gedeihen unter solchen Verhältnissen am besten.

Für eine gute Flächenbedeckung setzt man je nach Art zwischen acht und zwölf Pflanzen pro m². Sehr starkwüchsige Arten sind oft unverträglich, lassen kaum andere Pflanzen hochkommen. Es mag nötig sein, sie in die Schranken zu weisen, wenn schwächere Arten in der Nachbarschaft bedrängt werden. Verträgliche Flächendecker lassen sich schön als Füllstauden zwischen höheren Arten einsetzen. Nicht alle niedrigen Stauden sind Bodendecker, die größere Flächen in Beschlag nehmen; Elfenblume, Maiglöckchen, Duftveilchen, Primeln z.B. können in kleinen Gruppen gepflanzt werden, der Aronstab wirkt auch einzeln.

Kleine Stauden für ◑—●			
Deutscher und botanischer Name	**Wuchshöhe**	**Blüte**	**Ansprüche/Hinweise**
Günsel, *Ajuga reptans*	15 cm	lilablau, weiß, V–VI	◑; auch Sorten mit braunroten Blättern, wüchsiger Bodendecker
Buschwindröschen, *Anemone nemorosa*	15 cm	weiß, III–V	◑—●; hübscher, zart wirkender Bodendecker
Aronstab, *Arum maculatum*	25 cm	weißlich-grün, IV–V	◑—●; frischer bis feuchter Boden; dekorative pfeilförmige Blätter, ab Sommer Fruchtstände mit roten Beeren, giftig!
Haselwurz, *Asarum europaeum*	10 cm	braunrot, III–IV	●; kalkhaltiger Boden; glänzend dunkelgrünes, dichtes Laub, verträglicher Bodendecker
Maiglöckchen, *Convallaria majalis*	20 cm	weiß, V	◑—●; Sorten mit cremeweißen und rosa Blüten, giftig!
Lerchensporn, *Corydalis lutea*	25 cm	gelb, V–IX	◑; anspruchslos; stark gefiederte Blättchen, Ausbreitung durch Selbstaussaat
Doppelsporn, *Dicentra eximia*	20 cm	purpurrosa, V–VI	◑—●; auch für kühlen Mauerschatten; Sorte 'Alba' mit weißen Blüten
Trugerdbeere, *Duchesnea indica*	10 cm	gelb, V–IX	◑; warm, geschützt; erdbeerähnliche, ungenießbare rote Früchte, Bodendecker
Elfenblume, *Epimedium*-Arten und -Hybriden	30 cm	weiß, rosa, rot oder gelb, V	◑—●; schönes, zartes, teils rötlich gezeichnetes Laub, einige Arten wuchernd und als Bodendecker geeignet

Deutscher und botanischer Name	Wuchs-höhe	Blüte	Ansprüche/Hinweise
Waldmeister, *Galium odoratum*	15 cm	weiß, V–VI	◑–●; zarter Bodendecker, auch für kühlen Mauerschatten, leicht giftig
Gundermann, *Glechoma hederacea*	15 cm	purpurblau, IV–VI	◑–●; wüchsiger Bodendecker
Leberblümchen, *Hepatica nobilis*	10 cm	blau, III–IV	◑–●; kalkverträglich; Sorten mit rosa und weißen Blüten
Goldnessel, *Lamiastrum galeobdolon*	25 cm	gelb, IV–VII	◑–●; weißbunt gefleckte Blätter, starkwüchsiger Bodendecker
Gefleckte Taubnessel, *Lamium maculatum*	25 cm	tiefrosa, IV–IX	◑–●; weißsilbrig gefleckte Blätter, verträglicher Bodendecker
Frühlingsplatterbse, *Lathyrus vernus*	30 cm	violettblau, IV–V	◑; Art vermehrt sich durch Selbstaussaat, Sorten (in Weiß und Rosa) nicht
Pfennigkraut, *Lysimachia nummularia*	5 cm	gelb, V–VII	◑; feuchter Boden; wüchsiger Bodendecker
Gedenkemein, *Omphalodes verna*	20 cm	himmelblau, IV–V	◑; herzförmige, hellgrüne Blättchen, Bodendecker
Waldsauerklee, *Oxalis acetosella*	5 cm	weiß-rötlich, IV–V	◑–●; wüchsiger Bodendecker, auch unter Nadelgehölzen
Kugelprimel, *Primula denticulata*	30 cm	hellviolett, III–IV	◑; boden- und luftfeucht; Sorten mit weißen und karminroten Blüten
Waldschlüsselblume, *Primula elatior*	20 cm	hellgelb, IV–V	◑; boden- und luftfeucht; *P.-Elatior*-Hybriden auch in Weiß, Rosa, Rot und Violett
Lungenkraut, *Pulmonaria angustifolia*	20 cm	blau, IV–V	◑–●; Bodendecker, ähnliche Arten: *P. rubra, P. saccharata,* beide rotblühend
Oktobersteinbrech, *Saxifraga cortusifolia* var. *fortunei*	30 cm	weiß, IX–X	◑–●; rundliche, fleischige Blätter, bei Sorte 'Rubrifolia' rötlich
Porzellanblümchen, *Saxifraga umbrosa*	30 cm	weißrosa, V–VI	◑–●; immergrüne, ledrige Blätter mit gekerbtem Rand, Bodendecker
Fetthenne, *Sedum hybridum* 'Immergrünchen'	15 cm	gelb, VII–VIII	◑–●; auch ○; wintergrüne hübsche Blättchen, verträglicher Bodendecker
Beinwell, *Symphytum grandiflorum*	25 cm	cremeweiß, V–VII	◑–●; robuster, wüchsiger, unduldsamer Bodendecker
Schaumblüte, *Tiarella cordifolia*	20 cm	weiß, V–VI	◑–●; wüchsiger Bodendecker, im Frühsommer mit weißem „Blütenschleier"
Duftveilchen, *Viola odorata*	15 cm	violett, III–IV	◑–●; teils Nachblüte in IX
Waldsteinie, *Waldsteinia*-Arten	20 cm	gelb, IV–V	◑–●; wüchsige, robuste Bodendecker, *W. ternata* immergrün

Farne

Was wären Schattenpflanzungen ohne Farne? Die urtümlichen Gewächse machen auf den ersten Blick vielleicht nicht viel her, doch entfalten die je nach Art unterschiedlich geformten Wedel beim genaueren Hinsehen einen ganz besonderen Reiz. Freilich wirken sie auch durch ihre horst- oder trichterartige Wuchsform, ob einzeln, in Gruppen oder in Kombination mit anderen Stauden gepflanzt. Einige, z.B. Straußfarn und Buchenfarn, können sich über ihre Rhizome kräftig ausbreiten, gegebenenfalls muß man die Tochterpflanzen mit dem Spaten abstechen.

Farne sind charakteristische Pflanzen des Gehölzschattens, die auf ungeminderte Sonneneinstrahlung schnell mit braunen Blättern reagieren. Der Standort sollte windgeschützt und luftfeucht sein, der Boden frisch bis feucht, humos und nährstoffreich. Der Tüpfelfarn begnügt sich auch mit dünner Humusauflage auf sandigem Boden. Mit Ausnahme des kalkliebenden Hirschzungenfarns bevorzugen diese Gewächse eher sauren Boden.

Farne für ◑–●	
Deutscher und botanischer Name	**Höhe/Wuchs/Hinweise**
Hufeisenfarn, *Adiantum pedatum*	50 cm; zierlich, handförmig, geteilte Wedel, schwarze Stiele
Frauenfarn, *Athyrium filix-femina*	70 cm; hellgrüne, mehrfach gefiederte Wedel
Rippenfarn, *Blechnum spicant*	40 cm; aufrechte dunkelgrüne, derbe Wedel, wintergrün
Goldschuppenfarn, *Dryopteris affinis*	100 cm; im Austrieb goldbraun beschuppte, später tiefgrüne doppelt gefiederte Wedel, teils wintergrün; verschiedene Sorten
Breiter Wurmfarn, *Dryopteris dilatata*	80 cm; ausladender Wuchs, dreifach gefiederte, breite, überhängende Wedel
Rotschleierfarn, *Dryopteris erythrosora*	50 cm; im Austrieb rötliche, breite, doppelt gefiederte Wedel, rotbraune Stiele
Wurmfarn, *Dryopteris filix-mas*	100 cm; lange, gefiederte Wedel; verschiedene Sorten
Straußfarn, *Matteuccia struthiopteris*	100 cm; hellgrüne, aufrechte, doppelt gefiederte Wedel, in Trichterform zusammenstehend
Perlfarn, *Onoclea sensibilis*	40 cm; langgestielte Wedel mit großen Fiederblättchen
Königsfarn, *Osmunda regalis*	150 cm; buschig mit hellgrünen, doppelt gefiederten Wedeln
Hirschzungenfarn, *Phyllitis scolopendrium*	35 cm; ungefiederte, ledrige Wedel, bei Sorte 'Crispa' am Rand gewellt, immergrün
Tüpfelfarn, *Polypodium vulgare*	20 cm; dreieckige, tief eingeschnittene Wedel, wintergrün
Glänzender Schildfarn, *Polystichum aculeatum*	80 cm; steife, einfach bis doppelt gefiederte Wedel, wintergrün
Weicher Schildfarn, *Polystichum setiferum*	50 cm; fein gefiederte Wedel, wintergrün; verschiedene Sorten, z.B. Filigranfarn 'Plumosum Densum'
Buchenfarn, *Thelypteris phegopteris*	30 cm; langgestielte, gefiederte Wedel

Ziergräser

Ähnlich wie Farne wirken Gräser vor allem über Wuchsform und Blätter, bei manchen kommen noch ansprechende Blütenstände hinzu, die oft die Horste deutlich überragen. Darauf bezieht sich die jeweils zweite Höhenangabe in der nachfolgenden Übersicht.

In kleineren Gruppen oder – bei größeren Arten – auch einzeln lockern sie Staudenpflanzungen auf, zu Wildstauden passen sie besonders gut.

Viele können sich mehr oder weniger stark durch Ausläufer ausbreiten und für eine lockere Bodendecke im Schatten sorgen. Die meisten gedeihen auch unter dem Wurzeldruck eingewachsener Gehölze noch recht gut. Alle hier genannten Ziergräser bevorzugen einen humosen, frischen Boden, der dazu noch kalkarm sein sollte.

Carex plantaginea

Ziergräser für ◐–●		
Deutscher und botanischer Name	**Wuchshöhe**	**Wuchs/Hinweise**
Japan-Segge, *Carex morrowii* 'Variegata'	30 cm	Horste mit schmalen, gelb gerandeten Blättern, wintergrün; aufrechte gelbe Blütenähren, III–IV
Riesensegge, *Carex pendula*	40/100 cm	stattliche Horste mit saftiggrünen Blättern, wintergrün; bogig überhängende Blütenähren, V–VI
Breitblattsegge, *Carex plantaginea*	10 cm	flache Horste mit sehr breiten, hellgrünen Blättern, immergrün; borstige Blütenstände, V–VI
Waldsegge, *Carex sylvatica*	20/50 cm	lockere Horste mit schmalen frischgrünen Blättern, immergrün; hängende Blütenähren, V–VI
Schattensegge, *Carex umbrosa*	20/40 cm	dichte Horste mit sehr schmalen Blättern, immergrün; kurze rotbraune Blütenähren, V–VI
Riesenschwingel, *Festuca gigantea*	60/140 cm	lockere Horste mit überhängenden Halmen; aufrechte Blütenrispen, VII–VIII; Selbstaussaat
Schneemarbel, *Luzula nivea*	20/40 cm	Horste mit schmalen Blättern, immergrün; kleine, buschige, weiße Blütenrispen, VI–VII
Haarmarbel, *Luzula pilosa*	15/25 cm	Horste mit weiß bewimperten Blättern, wintergrün; kleine, weiße Blütenrispen, ab IV
Silberrandmarbel, *Luzula sylvatica* 'Marginata'	20/60 cm	Horste mit schmalen Blättern, immergrün; buschige braune Blütenstände, V–VI; Sorte 'Marginata' mit silbrigem Rand

Stauden für Halbschatten bis Sonne

In diesem „Lichtspektrum" treffen sich im Grund genommen zwei verschiedene Staudengruppen: zum einen Arten des lichten Gehölzrands, die auch Sonne vertragen, zum andern Beet- und Rabattenstauden, die etwas Beschattung tolerieren. Dabei sind die Übergänge fließend, die meisten lassen sich miteinander kombinieren. Der Mehrzahl genügt humoser, Gartenboden, bei sonnigem Stand ist höhere Bodenfeuchte erforderlich.

Große Stauden

Mit Eisenhut und Glockenblumen trifft man hier auf mehr der Sonne zugeneigte Verwandte bereits beschriebener Schattenstauden. Sie lassen sich sowohl in lockeren Pflanzungen am Gehölzrand als auch in „geordneteren", nicht zu sonnigen Beeten einsetzen. Andere wie Taglilien und Indianernessel werden vorzugsweise für Rabatten verwendet. Roter Fingerhut, Schildblatt und Wiesenraute dagegen bleiben eher naturnaher Gestaltung vorbehalten. Alant und Riesenehrenpreis sind markante Gestalten, die auch in Einzelstellung wirken. Der Goldfelberich schließlich mag feuchten Boden, so daß er gut in Teichnähe paßt.

Große Stauden für ◑—○			
Deutscher und botanischer Name	**Wuchshöhe**	**Blüte**	**Ansprüche/Hinweise**
Eisenhut, *Aconitum carmichaelii*	150 cm	violettblau, IX–X	staatlicher Wuchs, var. x *arendsii* bis 120 cm, var. *wilsonii* bis 180 cm; giftig!
Riesenglockenblume, *Campanula lactiflora*	90 cm	rosa, blau, violett, VII–VIII	feuchter Boden; mehrere Sorten, 'Alba' mit weißer Blüte
Glockenblume, *Campanula persicifolia*	80 cm	blau, VI–VIII	kalkhaltiger, auch trockener Boden; großblütige Sorten, auch in Weiß
Schildblatt, *Darmera peltata*	80 cm	rosa, IV–V	feuchter Boden, auch in Teichnähe; bildet mit der Zeit Kolonien
Fingerhut, *Digitalis purpurea*	130 cm	rot, VI–VII	zweijährig, rosa-, weiß und gelbblühende Sorten; giftig!
Taglilie, *Hemerocallis*-Hybriden	80 cm	gelb, orange, rot, rosa, VI–VII	großes Sortenspektrum, Wuchshöhen zwischen 50 und 120 cm, auch frühblühende (ab V) und spätblühende Sorten (bis IX)
Alant, *Inula magnifica*	180 cm	gelb, VII–VIII	stattlicher Wuchs, dominierende Pflanze
Goldfelberich, *Lysimachia punctata*	80 cm	gelb, VI–VIII	feuchter Boden, gedeiht gut in Teichnähe
Indianernessel, *Monarda*-Hybriden	120 cm	rosa, violett, rot, weiß, VII–IX	für halbschattige Rabatten; zahlreiche Sorten
Wiesenraute, *Thalictrum aquilegifolium*	100 cm	rosa, V–VII	saurer Boden; akeleiähnliche Blätter
Riesenehrenpreis, *Veronica virginica*	160 cm	violett, VII–IX	Sorte 'Alba' mit weißer Blüte

Mittelgroße Stauden

Auch unter den halbhohen Arten eignen sich viele gleichermaßen für Gehölzrandpflanzungen und Beete oder Rabatten. Daß man sich mit diesen Pflanzen gewissermaßen aus dem Schatten herausbewegt, merkt man auch an den Blütenfarben: Kräftige Gelb- oder Orangetöne, wie man sie hier häufiger findet, hat man im tieferen Schatten kaum zur Verfügung. Das mag dazu verleiten, Pflanzen wie die Gemswurz mehr ins Dunkel zu rücken. Als Folge solcher Experimente geht jedoch leicht der kompakte Wuchs verloren, und an den langen dünnen Stielen zeigt sich nur noch bescheidener Flor.

Geranium sanguineum

Mittelgroße Stauden für ◐–○			
Deutscher und botanischer Name	**Wuchs höhe**	**Blüte**	**Ansprüche/Hinweise**
Bergflockenblume, *Centaurea montana*	50 cm	blau, V–VII	kaum durchwurzelter Boden; mehrere Sorten in Weiß, Rosa und Violett
Tränendes Herz, *Dicentra spectabilis*	60 cm	rosa-weiß, IV–VI	kaum durchwurzelter Boden; Sorte 'Alba' weißblühend
Fingerhut, *Digitalis grandiflora*	60 cm	zartgelb, VI–VII	kalkhaltiger Boden; anders als *D. purpurea* ausdauernd, giftig!
Gemswurz, *Doronicum orientale*	40 cm	goldgelb, IV–V	mehrere Sorten in Gelbtönen, teils gefüllt oder halbgefüllt
Wolfsmilch, *Euphorbia griffithii*	60 cm	rot, V–VI	kräftig gefärbte Hochblätter, bei Sorten auch orange, giftiger Milchsaft!
Himalaya-Storchschnabel, *Geranium himalayense*	50 cm	violettblau, V–VII	ansprechendes Laub, flächige Ausbreitung durch Rhizome, mehrere Sorten zwischen 30 und 60 cm Höhe
Kaukasusstorchschnabel, *Geranium x magnificum*	60 cm	blauviolett, VI–VII	horstiger, buschiger Wuchs, schöne Herbstfärbung, große Blüten, auch für Steingärten
Waldstorchschnabel, *Geranium sylvaticum*	50 cm	hellblau, VI–VIII	frischer Boden; Sorten mit weißen und rosa Blüten
Nelkenwurz, *Geum coccineum*, G.-Hybriden	40 cm	orange, rot, gelb, V–VIII	zahlreiche Sorten mit leuchtkräftigen Blüten zwischen 25 und 50 cm Höhe
Sonnenbraut, *Helenium hoopesii*	60 cm	goldgelb, V–VI	einzige schattenverträgliche Art von *Helenium*
Jakobsleiter, *Polemonium caeruleum*	40 cm	blau, IV–V	schönes gefiedertes Laub, ähnliche Arten: *P. x richardsonii, P. reptans*

Kleine Stauden

Ein Vergleich mit den Schattenstauden (Seite 64) zeigt: Bei erhöhtem „Sonnenrisiko" nimmt die Zahl der Bodendecker deutlich ab; dafür warten alle untengenannten mit hübschen Blüten auf. Nicht zu den Flächendeckern zählen Adonisröschen und Kissenprimel. Letztere kann man durch Selbstaussat verwildern lassen, was nur mit der Stammart, nicht mit den Hybriden möglich ist.

Ziergräser

Nur kurz seien hier einige dekorative Gräser erwähnt, die Halbschatten wie Sonne vertragen: Morgensternsegge, *Carex grayi* (25 cm hoch, Blüten- und Fruchtstände 50 cm, attraktive „Stachelfrüchte"); Pfeifengras, *Molinia caerulea* (40/80cm); Riesenpfeifengras, *Molinia altissima*

(50/200 cm); Rasenschmiede, *Deschampsia caespitosa* (60/100 cm); Gartensandrohr, *Calamagrostis x acutiflora* (80/150 cm). Diese Arten eignen sich für den lichten Gehölzrand, teils auch für halbschattige Rabatten. Mit Ausnahme des Gartensandrohres bevorzugen sie bodenfeuchte Plätze.

Zwiebel- und Knollenblumen

An leicht beschatteten bis halbschattigen Plätzen können im Grunde genommen alle frühjahrsblühenden Zwiebel- und Knollenblumen gepflanzt werden, mit Ausnahme von Hyazinthen und Zwergschwertlilie *(Iris reticulata)*. Das Licht am Gehölzrand reicht auch für üppige Tulpen- und Narzissenblüte; allerdings sollte man an solchen Plätzen den jeweiligen Wildarten den Vorzug geben, die großblumigen Sorten passen besser aufs Beet.

Kleine Stauden für ◑–◯			
Deutscher und botanischer Name	**Wuchshöhe**	**Blüte**	**Ansprüche/Hinweise**
Adonisröschen, *Adonis amurensis*	30 cm	gelb, III–IV	wertvoller Frühjahrsblüher, auch für Steingärten, giftig!
Goldkörbchen, *Chrysogonum virginianum*	25 cm	gelb, VI–IX	anspruchsloser, lange blühender Bodendecker
Zwergherzblume, *Dicentra eximia*	25 cm	rosa, V–VII	feuchter Boden; verträglicher Bodendecker, ähnliche, etwas höhere Art: *D. formosa*
Storchschnabel, *Geranium endressii*	30 cm	rosa, V–VIII	trockenheitsverträglicher, starkwüchsiger Bodendecker, mehrere Sorten in Rosatönen, teils wintergrün
Balkanstorchschnabel, *Geranium macrorrhizum*	25 cm	rosa, VI–VII	wüchsiger Flächendecker für normalen bis frischen Boden; bewährte Sorte: 'Ingwersen', violettrosa
Blutstorchschnabel, *Geranium sanguineum*	30 cm	karminrot, V–VIII	trockenheitsverträglicher, kalkliebender Bodendecker, auch für Steingärten
Kissenprimel, *Primula vulgaris*	10 cm	hellgelb, III–IV	Hybriden in fast allen Farben, auch mit gefüllten Blüten

Die Schachbrettblume macht auch im Halbschatten ihrem Namen alle Ehre

Viele kleinere Arten können auch zwischen und unter Laubgehölze gepflanzt werden; während der Blütezeit erhalten sie genügend Sonne, die stärkere Beschattung nach Wiederbelaubung der Bäume schadet ihnen nicht. Typische Frühjahrsboten unter Bäumen und Sträuchern sind z.B. Gelber Winterling *(Eranthis hyemalis),* Schneeglöckchen *(Galanthus*-Arten), Traubenhyazinthe *(Muscari armeniacum)* und Blaustern *(Scilla siberica).* Diese Pflanzen breiten sich mit der Zeit aus, wenn man sie läßt, und sorgen so für immer

größere Blütenteppiche im Frühjahr. In derselben Kategorie gibt es noch schattenverträglichere, die in der untenstehenden Übersicht genannt sind, z.B. Märzbecher und Bärlauch, der allerdings stark wuchert. Den halbschattigen, feuchten Gehölzrand kann auch die Schachbrettblume *(Fritillaria meleagris)* mit ihren hell- und dunkelviolett gemusterten Blütenglocken von April bis Mai zieren. Die großen Sommerblüher wie Gladiolen haben im Schatten nichts verloren, doch gibt es hierunter eine sehr schöne Ausnahme: die Lilien. Am Gehölzrand oder im lichten Schatten gedeihen manche von ihnen besonders gut. Erwähnt sei hier die Türkenbundlilie *(Lilium martagon)* mit purpurfarbenen, braun gepunkteten Blüten von Juni bis Juli, vor dunklem Hintergrund kann die weiße Sorte 'Album' noch attraktiver wirken. Der Blütenreigen der Zwiebel- und Knollenblumen wird dann schließlich im August/September von der Herbstzeitlosen *(Colchicum autumnale)* beendet. Auch sie verträgt Halbschatten und paßt gut an den Gehölzrand.

Zwiebel- und Knollenblumen für ◑–●			
Deutscher Name	**Botanischer Name**	**Wuchshöhe**	**Blüte**
Bärlauch	*Allium ursinum*	25 cm	weiß, V
Hohler Lerchensporn	*Corydalis cava*	25 cm	rosa, III–IV
Vorfrühlingsalpenveilchen	*Cyclamen coum*	5 cm	rot, rosa, II–III
Herbstalpenveilchen	*Cyclamen hederifolium*	10 cm	rosa, weiß, VIII–IX
Sommeralpenveilchen	*Cyclamen purpurascens*	10 cm	rosa, rot, VII–IX
Hundszahn	*Erythronium dens-canis*	15 cm	lila-weiß, III–IV
Blauglöckchen	*Hyacinthoides hispanica*	30 cm	blau, rosa, V–VI
Märzbecher	*Leucojum vernum*	20 cm	weiß, III–IV

Schatten-
verträgliche
Sommerblumen

Nur ein gutes halbes Jahr dauert in der Regel die Lebenszeit der meisten Sommerblumen.

Die Einjährigen werden im Frühjahr gesät, schmücken den Sommer mit ihrer Blütenpracht und sterben mit Einbruch der ersten Fröste ab. Die wenigen Zweijährigen, wie Tausendschön (Maßliebchen), Vergißmeinnicht und Stiefmütterchen zieht man im Sommer an; nach geschützter Überwinterung setzt man sie an den gewünschten Ort, wo sie im Frühjahr und Frühsommer blühen.

Für Pflanzen in freier Natur kann ein solcher Lebensrhythmus vorteilhaft sein. Die Samenvermehrung sichert den Erhalt der Art, nachdem die Mutterpflanze abgestorben ist. Bei ungünstigen Bedingungen verharren die Samen längere Zeit in Keimruhe, um geeignetere Verhältnisse „abzuwarten". Tatsächlich finden sich auch an unwirtlichen Schattenstandorten im Nadelwald, wo kaum noch Stauden wachsen, Einjährige wie das Ruprechtskraut *(Geranium robertianum)* und *Impatiens*-Arten, die mit dem bekannten Fleißigen Lieschen verwandt sind.

Doch Sommerblumen für Beet und Balkon sind meist stark züchterisch bearbeitet und bilden oft keine selbst vermehrbaren Samen mehr. Sie sollen ja auch keine

■ *Sommerblumenpracht im Halbschatten: Fuchsien spielen die Hauptrolle, unterstützt von roten Petunien. Doch ohne die Polster des Duftsteinrich würde alles nur halb so schön wirken*

■ *Unansehnliche Zäune, Tore oder Kletter-gerüste verschwinden schnell unter Laub und Blütenpracht der Glockenrebe*

Überlebenskünste demonstrieren, sondern in ihrer kurzen Lebensspanne schnell wachsen und üppigen Flor hervorbringen. Kein Wunder, daß sie dafür reichlich Sonne brauchen und entsprechend gut mit Wasser und Dünger versorgt sein wollen. Es gibt nur recht wenige Ausnahmen, die bei Beschattung die gewünschte Blütenfülle zeigen. Diejenigen, die sich auch im Halbschatten bewährt haben, sind auf Seite 74 aufgeführt.

Rar sind dagegen ausgesprochene **Schattenblüher.** Hier wären einmal die Neu-Guinea-Impatiens *(Impatiens-Neu-Guinea*-Hybriden) zu nennen, die mehr Schatten vertragen als die verwandten Fleißigen Lieschen und neben Weiß, Rosa- und Rottönen auch mehrere orange-blühende Sorten zu bieten haben. Zwei weitere Spezialisten zählen nicht zu den Sommerblumen im engeren Sinn, werden aber, da nicht frosthart, ähnlich verwendet und behandelt. Knollenbegonien *(Begonia-Knollenbegonien*-Hybriden) zieren Beete und Pflanzgefäße mit prächtigen Blüten in Gelb, Orange, Rot, Rosa oder Weiß von Mai bis Oktober. Vor Einbruch der ersten Fröste werden die Knollen aus der Erde genommen, frostfrei überwintert

und Mitte Mai erst wieder nach draußen gesetzt. Auch Fuchsien *(Fuchsia*-Hybriden) kann man drinnen, in einem kühlen Raum, überwintern. Es handelt sich eigentlich um Sträucher, die anders als die bereits erwähnte Scharlachfuchsie *(Fuchsia magellanica)* nicht winterhart sind. Die halbhängenden und hängenden Sorten für Balkon- und Ampelbepflanzungen erinnern kaum noch an Gehölze, anders als die buschigen, bis 70 cm hohen Formen für Beete oder die Fuchsienhochstämmchen. Das Sortenangebot ist überwältigend, von Mai bis Oktober entfalten sich die häufig zweifarbigen Blüten in Rosa, Rot, Violett oder Weiß.

Bedarf für schattenverträgliche Sommerblumen besteht häufig bei Balkonen, die nicht besonders von der Sonne verwöhnt sind. Auch auf der Terrasse oder im Eingangsbereich des Hauses können solche Arten bunte Akzente setzen. In halbschattigen Beeten und Rabatten kann man mit diesen Ein- und Zweijährigen Staudenpflanzungen ergänzen, wobei sich niedrige Arten wie der Duftsteinrich gut für Vorpflanzungen und Einfassungen eignen. Nicht zu stark durchgezüchtete Arten wie Kornrade, Wilde Malve und Hainblume wirken auch in eher naturnahen Pflanzungen nicht „aufgesetzt".

Besondere Gestaltungsmöglichkeiten eröffnen schließlich **einjährige Kletterpflanzen,** die Halbschatten vertragen. Zäune, Tore, Klettergerüste an der Terrasse oder am Hauseingang lassen sich mit schnellwüchsigen Rankern rasch begrünen, häufig kommen noch hübsche Blüten hinzu. Und da jedes Jahr neu gesät und gepflanzt wird, kann man an solchen Stellen mit immer anderen Arten einen „Tapetenwechsel" vornehmen. In Sonne wie

Sommerblumen für ○–◑		
Deutscher und botanischer Name	**Wuchs-höhe**	**Blüte**
Leberbalsam, *Ageratum houstonianum*	10–80 cm	blau, rosa, weiß, V–IX
Kornrade, *Agrostemma githago*	30–100 cm	rötlichviolett, VI–IX
Hundszunge, *Anchusa capensis*	25–50 cm	blau, VII–IX
Blauer Waldmeister, *Asperula orientalis*	20–30 cm	blau, VI–IX
Eisbegonie, *Begonia-Semperflorens-Hybriden*	15–40 cm	weiß, rosa, rot, V–IX
Tausendschön, *Bellis perennis*	10–20 cm	weiß, rosa, rot, IV–VI
Pantoffelblume, *Calceolaria integrifolia*	25–40 cm	gelb, V–IX
Buntnessel, *Coleus-Blumei*-Hybriden	20–60 cm	bunte Blätter
Zigarettenblümchen, *Cuphea ignea*	25–30 cm	rot, V–X
Schleifenblume, *Iberis*-Arten	20–40 cm	weiß, rosa, rot, V–VIII
Fleißiges Lieschen, *Impatiens-Walleriana*-Hybriden	15–30 cm	rosa, weiß, rot, violett, VI–X
Männertreu, *Lobelia erinus*	10–20 cm	blau, violett, VI–IX
Duftsteinrich, *Lobularia maritima*	5–15 cm	weiß, rosa, violett, VI–X
Wilde Malve, *Malva sylvestris*	80–150 cm	rosa, lila, purpurrot, VII–IX
Waldvergißmeinnicht, *Myosotis sylvatica*	10–35 cm	blau, weiß, rosa, IV–VI
Hainblume, *Nemophila menziesii*	15–20 cm	weiß, blau, VI–VIII
Nierembergie, *Nierembergia hippomanica*	15–20 cm	weiß, rosa, violett, VI–IX
Hängepelargonie, *Pelargonium-Peltatum*-Hybriden	hängend, Triebe bis 150 cm	rot, rosa, weiß, V–IX
Aufrechte Pelargonie, *Pelargonium-Zonale*-Hybriden	25–50 cm	rot, rosa, weiß, V–X
Bartfaden, *Penstemon*-Hybriden	40–80 cm	weiß, rosa, rot, VII–IX
Petunie, *Petunia*-Hybriden	20–30 cm, teils hängend	rot, rosa, violett, weiß, V–IX
Orientknöterich, *Polygonum orientale*	100–200 cm	weiß, rosa, rot, VII–X
Duftresede, *Reseda odorata*	20–60 cm	grünlichgelb, rötlich, VII–IX
Mutterkraut, *Tanacetum parthenium*	15–30 cm	weiß, gelb, VI–IX
Kapuzinerkresse, *Tropaeolum majus*	25–30 cm	gelb, orange, rot, VII–X
Stiefmütterchen, *Viola-Wittrockiana*-Hybriden	15–30 cm	alle Farben, X–XI und II–V

Halbschatten gedeihen Glockenrebe *(Cobaea scandens)*, Zierkürbis *(Cucurbita pepo)*, Duftwicke *(Lathyrus odoratus)* und Kanarienkresse *(Tropaeolum peregrinum)* sowie rankende Formen der Kapuzinerkresse *(Tropaeolum majus)*. Obwohl meist nur für sonnigen Stand ausgewiesen, kann auch die Schönranke *(Eccremocarpus scaber)* im Halbdunkel ansehnlich blühen. Der Japanhopfen *(Humulus scandens)* schließlich duldet sogar ganztägig mäßigen Schatten.

Schattenverträg-
liches Obst
und Gemüse

Wie zu Anfang des Buchs beschrieben, brauchen Pflanzen das Licht, um mittels Photosynthese körpereigene Substanz aufzubauen. Davon profitiert man beim Beernten von Nutzpflanzen in besonderem Maße. Zudem ist die Bildung spezieller Substanzen gefragt, Gaumengenuß stellt sich nur bei genügend Aromastoffen und – wo's um Früchte geht – ausgewogenem Zucker-Säure-Verhältnis ein. Obst

und Gemüse sind deshalb in der Regel „Hochleistungsproduzenten", die viel Sonnenlicht und Wärme verlangen.

Bei Blatt- und Knollengemüse hemmt eine eingeschränkte Photosynthese zudem den Umbau einfacher Stickstoffverbindungen zu Eiweißen; die Folgen von Lichtmangel sind – neben oft kümmerlichem Wuchs – erhöhte Nitratmengen im Erntegut, was unter Umständen gesundheitsschädlich sein kann.

Schattenplätze eignen sich demnach weder für Gemüsebeete noch für Obstpflanzungen, die die Erntekörbe kräftig füllen sollen. Doch für kleinere „Naschfreuden" ist nicht immer ein vollsonniger Stand nötig; und ein paar Spezialitäten sind tatsächlich eher für beschattete Plätze geeignet.

Pflanzt man nicht gerade Kultursorten, kann man auch im Halbschatten noch leckere Preiselbeeren ernten

Baum- und Beerenobst

Daß die bekannte 'Schattenmorelle' eine besonders lichtgenügsame Sauerkirschensorte sei, ist ein verbreitetes Mißverständnis. Bei dem Namen standen 'Morelle de Chateau' oder 'Chateau Morel' Pate, die Eindeutschung machte aus dem französischen Schloß „Chateau" den etwas unglücklichen „Schatten". Allerdings darf man den Sauerkirschen tatsächlich etwas mehr Beschattung zumuten als etwa Apfel, Birne und Süßkirsche, die in bezug auf Sonne keine Kompromisse vertragen. Ein wenig mehr Schatten dulden auch die robusteren Sorten unter den Pflaumen, die Hauszwetschen.

Am lichtdurchbrochenen Schattenrand von Gehölzen kann man durchaus Johannis- und Stachelbeeren als Sträucher oder Hochstämmchen plazieren, sofern sie genügend Platz für ihr Wurzelwerk und wenigstens einige Stunden Nachmittagssonne erhalten. Dabei darf man freilich weder mit Rekordernten noch mit Rekordsüße rechnen. Auch Kultursorten von Brombeere, Himbeere, Heidel- und Preiselbeere entfalten nur in voller Sonne ihr Aroma. „Wildere" und Stammformen dieser Art, wie teils an Baumschulen erhältlich, vertragen Halbschatten jedoch gut und fruchten dort zufriedenstellend mit zierenden Beeren, die gar nicht schlecht schmecken. Kleine Köstlichkeiten aus dem Halbschatten liefert schließlich die Walderdbeere *(Fragaria vesca* var. *vesca),* die man unter lichten Gehölzgruppen mit anderen Stauden kombinieren kann. Weiterhin seien hier auch einige schattenverträgliche, im Kapitel über Ziergehölze aufgeführten Arten erwähnt, deren Früchte nicht nur zieren, sondern auch – roh

oder verarbeitet – schmecken: Felsenbirnen *(Amelanchier),* Zierquitten *(Choenomeles),* Kornelkirsche *(Cornus mas),* Hasel *(Corylus-*Arten), Blutpflaumen *(Prunus cerasifera* 'Nigra', *P.* x *cistena),* Holunder *(Sambucus),* Mährische Eberesche *(Sorbus aucuparia* var. *moravica).*

Gemüse und Kräuter

Für viele beliebte **Gemüsearten** wie Tomaten, Gurken und Zwiebeln sollte man in jedem Fall die sonnigsten Stellen im Garten reservieren. Doch es gibt eine ganze Reihe von Kulturen, denen man leichten Schatten bis hin zum Halbschatten zumuten kann, wie die nebenstehende Übersicht zeigt. Vor allem Beschattung am Vormittag stellt kaum ein Problem dar, etwas gedämpfte Sonneneinstrahlung kommt zudem dem Feuchtebedarf der meisten Arten entgegen. In der Regel sollten die Standorte aber warm und geschützt sein, kühler Schatten bringt nur magere Erträge, fördert Schädlings- und Krankheitsbefall. Um bei Blatt- und Knollengemüse keine unnötig hohen Nitratmengen mitzuernten, sollte man mit der Stickstoffdüngung gerade an halbschattigen Plätzen sehr zurückhaltend sein, vor allem in den Wochen vor der Ernte. Außerdem empfiehlt es sich, am Abend beziehungsweise dann zu ernten, wenn die Fläche zuvor mehrere Stunden von Sonne beschienen war. Von den nebenstehend genannten Gemüsen darf man die Puffbohnen auch etwas stärkerem Schatten aussetzen, ebenso den Rhabarber, der dann allerdings nur noch sehr dünne Stiele ausbildet.

Gemüse, die noch im Halbschatten gedeihen

Schnittsalat, Mangold, Spinat, Gartenmelde, Rübstiel, Grünkohl, Kohlrabi, Porree, Möhre, Rote Rübe, Pastinake, Kohl- und Speiserübe, Knollenziest, Schwarzwurzel, Gartenkürbis, Zucchini, Buschbohne, Puffbohne, Rhabarber

Unter den **Kräutern** beziehungsweise als Würzmittel angebauten Pflanzen wachsen und schmecken folgende noch im Halbschatten zufriedenstellend: Blattpetersilie, Schnittlauch, Knoblauchschnittlauch, Liebstöckel, Estragon, Kerbel, Pfefferminze, Zitronenmelisse, Engelwurz, Meerrettich. Stärkere Beschattung vertragen Sauerampfer und Gartenkresse.

Wenig oder gar keine Sonne mag die Brunnenkresse, die nur unter feuchtkühlen Bedingungen gedeiht und meist in Pflanzgefäßen gezogen wird. In der Erde, im Schatten von Gehölzen wachsen jedoch drei spezielle Kräuter, die bereits bei den Stauden aufgeführt wurden: Bärlauch, Waldmeister und Beinwell. Frische Bärlauchblätter taugen als knoblauchähnliche Würze, auch die Zwiebeln können im Herbst geerntet werden. Den Waldmeistergeschmack kennt man vielleicht von Bowlen, auch anderen Getränken oder Süßspeisen kann er in kleinen Mengen zugesetzt werden. Beinwell schließlich läßt sich als Salatzugabe verwenden, die jungen Blätter ergeben gedünstet ein spinatähnliches Wildgemüse.

Von diesen Kräutern des Waldes ist es nicht mehr weit bis zu ganz anderen Gewächsen, die Eßbares frisch aus dem Schatten bieten: **Pilze** enthalten kein Chlorophyll und sind nicht zur Photosynthese befähigt, brauchen deshalb aber auch kein Licht als Energiequelle. Aufgrund dieser besonderen Eigenschaften werden sie heute nicht mehr zu den pflanzlichen Lebewesen gezählt. Dem Gärtner mag das egal sein; gerade Schattenpartien im Bereich von Gehölzen lassen sich gut für die Pilzzucht nutzen. Pilzbrut von Austernseitling, Braunkappe, Shii-Take und anderen erhält man häufig sogar in Gartencentern oder bei Pflanzenversandfirmen, oft mitsamt Kulturanleitung. Für die Anzucht werden Stroh oder Baumstammstücke als Substrat benötigt, was sich als Kulturunterlage eignet, ist von Art zu Art verschieden. Die Pilzzucht im eigenen Garten ist allerdings nicht immer von Erfolg gekrönt, vor allem, weil die Substrate stets gleichmäßig feucht gehalten werden müssen.

Die schmackhaften Austernseitlinge sind durchaus einmal einen Kulturversuch wert

Schön im Schatten: Gestaltungstips

Mit Detaillösungen für die verschiedensten Schattensituationen im Garten könnte man allein ein ganzes Buch füllen – und würde selbst dann den vielfältigen Gestaltungsmöglichkeiten nicht gerecht werden. Die folgenden Anregungen beziehen sich auf typische, häufig vorkommende Gartenbereiche. Vieles davon läßt sich leicht auf andere, nicht näher beschriebene Schattenpartien übertragen und z. B. im Vorgarten oder am wenig besonnten Sitzplatz umsetzen.

Der Waldgeißbart braucht nicht unbedingt Begleitpflanzen; am schönsten wirkt er eigentlich allein stehend vor einer grünen Gehölzwand

Im Gehölzschatten

Im Kronenbereich von Bäumen, zwischen einzeln, aber recht nahe beieinander stehenden Gehölzen, am Fuß von Hecken – hier finden sich Partien, die oft nicht befriedigen, wo mancher Anpflanzungsversuch vergeblich geblieben ist. Dabei ist sicher die Frage erlaubt, ob dort mit aller Gewalt Gartenpflanzen angesiedelt werden müssen. Vielleicht läßt sich, vor allem bei abgelegeneren Grundstücksteilen, mit kahlen Bereichen unter Nadelbäumen oder mit etwas Wildwuchs leben, solange dieser nicht in andere Gartenbereiche vordringt. Solche ungestörten Plätze können zudem wertvolle Rückzugsorte für allerlei Getier sein. Vermodernde Holzstämme, Reisig-, Laub- oder Steinhaufen bieten Unterschlupf für so manche Nützlinge, die Schnecken, Raupen und andere Insektenlarven kräftig dezimieren. Solche Naturschutzecken im Gehölzschatten können auch mit anderen Gestaltungsmöglichkeiten kombiniert werden, wie etwa der Verwendung von Boden- und Flächendeckern.

Grüner, blühender Boden
Neben speziellem Schattenrasen stehen zahlreiche, bereits beschriebene Stauden und Kleinsträucher zur Verfügung, um unter Gehölzen grüne oder blühende Teppiche zu weben.
Schön sieht es aus, wenn man die düstere Umgebung von Nadelgehölzen mit gelben Blütchen von Waldsteinie *(Waldsteinia geoides),* Gelbem Lerchensporn *(Corydalis lutea)* oder Johanniskraut *(Hypericum calycinum)* aufhellt. Bodendecker, die besonders gut mit dem Wurzelwerk und der Nadelstreu eingewachsener Tannen und Fichten klarkommen, sind Gundermann, Waldsauerklee und Efeu, an lichteren Stellen können sich außerdem Günsel

und Storchschnabel *(Geranium macrorrhi-zum, G. sanguineum)* durchsetzen. Auch Schattengrün oder Dickmännchen *(Pachysandra)* entwickelt sich unter Nadelgehölzen noch zufriedenstellend.

Unter und zwischen Kiefern oder Zedern ist die Auswahl an Flächendeckern schon deutlich größer, bei den meisten Laubgehölzen kann man das ganze Spektrum bodendeckender Gehölze und Stauden einsetzen, sofern die Schatten- und Bodenverhältnisse deren Ansprüchen entsprechen. Mit Waldsauerklee und Haselwurz läßt sich selbst tiefster Schatten begrünen. Wenn die Bodendecker eingewachsen sind, kann man im Herbst unter laubabwerfenden Gehölzen zusätzlich Blumenzwiebeln stecken. Locker verteilte Pflanzungen etwa von Blausternchen oder Winterling breiten sich mit der Zeit von selbst aus und sorgen jährlich für Frühlingsfarbtupfer.

Spezielle Erwähnung unter den Bodendeckern verdient der Efeu, mit dem allerhand Problemlösungen möglich sind. Mit ihm kann man z.B. alte, von unten verkahlte Schnitthecken unterpflanzen, zwischen seinen Trieben dann noch Taubnes-

Gelbe Frühjahrsdecke mit Waldsteinien; dahinter leuchten Narzissen den Schatten aus

seln ansiedeln – eine nett anzuschauende Alternative zu einer radikalen Heckenrenovierung.

Viele robuste Flächendecker breiten sich allerdings durch Ausläufer kräftig aus. Dies ist stets zu beachten, wenn man auf angrenzenden Partien andere Bodendecker verwenden oder etwas höhere Stauden, Gräser und Farne dazwischen setzen will. Gegebenenfalls muß man solche Pflanzflächen ständig von der Bodendeckerkonkurrenz freihalten, zumindest bis die dazugesellten Arten gut eingewachsen sind. Für abwechslungsreiche, gemischte Pflanzungen im Gehölzschatten bieten sich eher verträgliche Bodendecker wie das Porzellanblümchen *(Saxifraga umbrosa)* an. Auch Arten, die sich durch Selbstaussaat flächig ausbreiten, eignen sich gut, um Partien zwischen größeren Stauden zu füllen, so z.B. Waldschlüsselblume *(Primula elatior),* Kaukasusvergißmeinnicht *(Brunnera macrophylla)* und Frauenmantel *(Alchemilla mollis).*

Solche Ecken bringen ein Flair von Wald in den Garten und bieten Tieren Rückzug und Unterschlupf

Hübsche Schattenkombination mit Salomonssiegel, Akelei, Wolfsmilch und Gelbem Scheinmohn

Pflanztip

Wo Gehölze mit flach verlaufendem Wurzelwerk den Boden stark beanspruchen, lassen sich robuste Stauden mit einem kleinen Trick ansiedeln. Man gräbt zwischen den Hauptwurzeln vorsichtig Pflanzlöcher und befüllt diese mit humusreicher Erde. Stauden, die hier eingesetzt werden, haben bessere Chancen anzuwachsen und sich trotz Wurzeldruck zu entwickeln. Nicht ratsam dagegen ist das Überdecken des Wurzelbereichs mit einer dicken Kompost- oder Mutterbodenschicht als Staudensubstrat; flachwurzelnde Gehölze reagieren darauf sehr empfindlich.

Blickpunkte in der Düsternis

Überall, wo zwischen den Gehölzen etwas Freiraum ist, können höhere schattenverträgliche Stauden wie Akeleien, Eisenhut, Salomonssiegel sowie natürlich Funkien und Farne eingesetzt werden. Am besten wirken die meisten, wenn man sie in kleinen Tuffs pflanzt oder aber mit anderen Arten kombiniert. Sofern die Böden im Gehölzschatten einigermaßen den genannten Ansprüchen entsprechen, läßt sich mit den ab Seite 60 aufgeführten Arten aus dem vollen schöpfen. Trotzdem empfiehlt sich, auch innerhalb einer größeren Schattenpartie, etwas Beschränkung – einige wenige Stauden, gezielt eingesetzt, bringen mehr Wirkung als ein „Gemischtwarenladen" mit dem ganzen Schattenpflanzensortiment.

Obwohl solche Kombinationen etwas lockerer, weniger streng geplant erscheinen sollen als eine Rabatte, kann man von dort das Prinzip der Gruppenbildung übernehmen: Eine höhere, besonders schmucke oder langblühende Art dominiert die Kombination, dazu werden passende Begleiter und Füllstauden gesellt. Dieses Ensemble wiederholt sich dann, mit kleinen Variationen, an verschiedenen Stellen im Schattenbereich. Als Beispiele hier zwei spezielle Kombinationen, einmal für schwierige Partien zwischen Nadelbäumen, zum anderen eine Zusammenstellung, die düsteren Schatten durch weiße Töne aufhellt:

Pflanzgruppe für Nadelgehölze: Blauer oder Gelber Eisenhut *(Aconitum napellus, A. vulparia)* – Christophskraut *(Actaea pachypoda)* – Waldmarbel *(Luzula sylvatica)* – Rippen- oder Hufeisenfarn *(Blechnum spicant, Adiantum pedatum)* – Duftveilchen *(Viola odorata);* zwischen diesen an lichteren Stellen Fingerhut *(Digitalis purpurea)*

Pflanzgruppe in Weiß: Salomonssiegel *(Polygonatum commutatum)* – Schattenblume *(Smilacina racemosa)* – Weißrandfunkie *(Hosta sieboldii)* – Maiglöckchen *(Convallaria majalis);* an lichteren Stellen Japananemonen *(Anemone-Japonica-Hybriden)*, für frühe Blüte Schneerose *(Helleborus niger)*

In beiden genannten Kombinationen lassen sich auch mit dem stattlichen Waldgeißbart *(Aruncus dioicus)* Akzente setzen, wo er genug Platz zur Entwicklung hat. Ebenso gut paßt dieser Universalist im Schatten zu Prachtspieren, Storchschnabelarten und Glockenblumen. Doch besonders schön wirkt er einzeln oder zu wenigen vor einer grünen Wand, z.B. vor einer Nadelgehölzgruppe.

Schließlich seien hier auch unbelebte Gestaltungselemente erwähnt, die im Gehölzdämmer für Atmosphäre sorgen, z.B. Findlinge, mit der Zeit von Efeu überzogen, Baumstrünke oder Wurzelstubben. Auch eine dekorative Vogeltränke oder – wenn man's mag – steinerne Plastiken und Figuren können sehr stimmungsvoll wirken.

Kleine Waldlandschaften

Bei aller Staudenvielfalt sollte man nicht die Möglichkeiten vergessen, die schattenverträgliche Sträucher und Bäume bieten. Kleine Waldlandschaften entstehen, wenn man, wie auf Seite 35 erwähnt, größere Gehölze als Unterpflanzung nimmt und die freien Bodenflächen z.B. mit Buschwindröschen oder Bärlauch begrünt. Einen schönen Unterwuchs bilden auch Alpenjohannisbeere, Dufthimbeere oder Heckenkirsche *(Lonicera tatarica)*. In den tieferen Etagen kann die unverwüstliche Mahonie den Gehölzschatten zieren, an lichteren Stellen der Seidelbast mit zeitigen Blüten den Frühling einläuten.

Bei allen Bemühungen, den Gehölzschatten mit Stauden, Gehölzen und Bodendeckern zu verschönern, sollte man berücksichtigen, daß es sich um spezielle Pflanzorte und um besondere, oft etwas „wildere" Gewächse handelt. Solche Pflanzungen entfalten ihre eigene Dynamik, sind in der Entwicklung nicht so plan- und lenkbar wie etwa ein Prachtstaudenbeet. Positive wie negative Überraschungen gehören hier dazu; trotz sorgfältiger Auswahl und guter Anfangspflege kann sich vielleicht manche Staude auf Dauer nicht halten. Dabei ist vor allem zu bedenken, daß lichte Stellen zwischen Gehölzen kein Dauerzustand sind, sondern mit der Zeit auch mehr und mehr beschattet werden. Doch oft genug suchen sich Halbschattenstauden dann über Selbstaussaat oder Ausläufer eine Stelle, die ihnen mehr zusagt.

Am Gehölzrand

Die Möglichkeiten, vor hohen Baum- und Strauchgruppen oder Hecken einen Übergang zum sonnigeren Gartenbereich, meist in Form einer Rasenfläche, zu schaffen, sind nahezu unbegrenzt. Wo genug Platz zur Verfügung steht, schaffen mittelhohe und kleinere Sträucher, etwas in der Höhe gestaffelt und mit zunehmender Sonnenverträglichkeit, eine harmonische Überleitung. Vor einer grünen Gehölzwand wird man natürlich vorwiegend Sträucher mit auffälligen Blüten, Blättern oder Fruchtschmuck wählen. Schön sind

Schon allein mit Astilben kann man vor einem Gehölzrand wirkungsvolle bunte Bänder anlegen

auch gelb- oder weiß-grüne Sorten des Spindelstrauchs *(Euonymus fortunei),* die den Gehölzrand aufhellen.

Niedrige Gehölze in Kombination mit Halbschattenstauden, eine schmale Rabatte mit Blütenstauden, Gräsern und Farnen, markante Solitärstauden wie Waldgeißbart oder Schaublatt, locker verteilte Gruppen von Eisenhut, Silberkerze, Akelei, Funkien – solche Lösungen lassen sich auch auf kleineren Übergangsflächen umsetzen. Sehr attraktive Gehölzvorpflanzungen erhält man mit Prachtspieren *(Astilbe);* stellt man verschiedene Sorten in Weiß, Rosa und Rot zusammen, läßt sich allein mit ihnen ein Blütenband vor dunkler Gehölzkulisse ziehen. Aber auch Kombinationen mit Silberkerzen oder Glockenblumen sind reizvoll; und ein besonders farbenfrohes Bild ergeben kräftigrote Astilbensorten im Verein mit gelbblühenden Greiskräutern *(Ligularia).*

Sonnenverträglichere Bodendecker, die in den Rasen vordringen, lassen sich meist mit dem Mäher in Schach halten. Ein befestigter schmaler Weg, der am Gehölzrand entlangführt, erleichtert die Abgrenzung und kann die Schattenpartie als besonderen Gartenbereich betonen.

Gerade im kleinen Garten, wo die Pflanzflächen ohnehin knapp sind, mag unter und vor Gehölzen eine spezielle Lösung in Frage kommen: Wo im Boden unter Bäumen kaum etwas wächst, kann man im Sommer Töpfe und Schalen mit schattenverträglichen Blütenpflanzen plazieren. Wem's gefällt, der greift hier auf Knollenbegonien, Neu-Guinea-Impatiens oder Fuchsien zurück. Passender sind jedoch Schattenstauden wie Astilben und Funkien, die zunehmend auch in Sorten für Topfkultur angeboten werden.

Rhododendren – Stars im Schattengarten

Wohl dem, der im Garten einen kleinen Bestand mit nicht zu eng stehenden Bäumen auf saurem Boden hat... Wer nicht über solch ideale Pflanzplätze für die prächtigen Blüher verfügt, kann sie aber auch vor einer Nadelgehölzgruppe, im Mauerschatten, im Vorgarten oder – in kleinwüchsigen Formen – in Beeten und Rabatten einsetzen. Bedingung sind die bereits erwähnten besonderen Bodenverhältnisse (Seite 22, Seite 44). Hat man trotz durchgehend kalkhaltigen Bodens sein Herz an Rhododendren verloren, mag man vielleicht sogar ein Hochbeet mit entsprechendem Substrat (mindestens 60 cm hoch) über einer Dränageschicht aus Kies und Sand anlegen. Dies kann sinnvoller und erfolgreicher sein, als kleinräumig an mehreren Stellen die Gartenerde auszutauschen.

Vor allem großblumige Hybriden, *Williamsianum*-Hybriden und großwüchsige sommergrüne Azaleen wirken auch als Solitärsträucher; in der Regel ist es jedoch viel schöner, wenn man Rhododendren in kleinen Gruppen verwendet. So kommt man auch in den Genuß, Sorten verschiedener Blütenfarben zu kombinieren, in verschiedenen Rosa- und Violettschattierungen, herrlichen Rot-Weiß-Kontrasten, leuchtenden Gelb- und Orangetönen oder was auch immer gefällt.

Nette Nachbarn

Während der Blüte scheinen Begleitpflanzen fast entbehrlich, obwohl passende Gehölze und Stauden den Rhododendrenflor in der Wirkung noch unterstützen können. Der ist allerdings ziemlich kurz, und das zwar recht ansehnliche immergrüne Blattwerk oder die Herbstfärbung der laubabwerfenden Sorten vermag allein das Auge auf Dauer nicht zu befriedigen. Passende Begleitstauden, zwischen, vor oder in der Nachbarschaft von Rhododendren, sind unter anderem der aparte Scheinmohn *(Meconopsis betonicifolia),* Astilben, Fingerhut, Silberkerzen, Etagenprimeln, Elfenblumen, Bergenien, Funkien, Farne und Gräser.

Als niedrige Pflanzen oder Bodendecker zwischen und unter Rhododendren bieten sich an: Teppichhartriegel, Schattengrün *(Pachysandra),* Traubenheide *(Leucothoe walteri),* Schaumblüte, Waldmeister, Waldsteinien, Duftveilchen, Hasenglöckchen *(Hyacinthoides non-scripta),* niedriges Lungenkraut *(Pulmonaria saccharata)* und Günsel.

Unter den Laubgehölzen kommen vor allem jene in Frage, die ebenfalls auf saure Standorte und Schatten spezialisiert sind: Prachtglocke *(Enkianthus campanulatus),* Schattenglöckchen *(Pieris),* Berglorbeer *(Kalmia),* Skimmien oder Torfmyrte *(Pernettya mucronata),* ein kleiner, immergrüner Strauch mit zahlreichen rosa oder roten Beeren ab August. Hortensien

schließlich, die in derselben Gartenecke stehen, können nach Ende des Rhododendrenflors den Blütenpart übernehmen. Häufig sieht man Rhododendren in reizvoller Gesellschaft mit Koniferen, ob als grüne Kulisse für die Blütenpracht, Nachbarn in kegel- und säulenförmiger Gestalt oder in kleinen, halbkugeligen Formen als Vorpflanzung. Hier wären z.B. Kiefern, Scheinzypressen und Hemlocktannen zu nennen; die Nachbarschaft von Fichten wird nur ertragen, wenn ihr Wurzelwerk genügend Abstand hält.

Geeignete Partner, die auch für den nötigen Schattenwurf sorgen können, sind neben Kiefern Eiche, Sumpfzypresse, Robinie, Baumhasel und Goldregen, dessen gelber Flor einen schönen Kontrast zu rosa oder roten Rhododendrenblüten abgibt.

Rabatten und Beete

Rabatten wurden bereits beim Gehölzrand erwähnt. Hier und entlang von Mauern finden sich verbreitete und schöne Einsatzmöglichkeiten für halbschattenverträgliche Stauden. Rabatten sind im Gegensatz zu eher quadratischen Beeten meist langgezogen; man kann sie auch als Randbeete bezeichnen. Als solche säumen sie Rasen, Wege oder eben auch schattenwerfende Gehölz- und Gebäudeflächen. Zum Teil werden Rabatten auch als einseitig ausgerichtete Pflanzungen definiert, da sie ja häufig etwas „im Rücken" haben, was allerdings bei Wegbegleitung schon wieder nicht zutrifft. Andererseits ist das „Normbeet" mit 1,2 x 1,2 m bei Blumenpflanzungen selten, so daß beide Begriffe oft gleichsinnig verwendet werden.

Die Schaumblüte *(Tiarella cordifolia)* eignet sich sehr gut zur Rhododendronunterpflanzung

Planung oder Improvisation?

Bei der Anlage von Rabatten ist eine Planskizze sicher hilfreich. Für die Gestaltung gibt es allerhand unterschiedliche Grundregeln und Prinzipien, in Form der englischen „Borders" auch prächtige Vorbilder. Es sei hier jedoch einmal erwähnt, was selten in Büchern steht: Attraktive Rabatten können auch durch recht „plan- und regelloses" Vorgehen entstehen. Viele Hobbygärtner beginnen mit ein oder zwei Lieblingsstauden, gesellen hier und dort etwas dazu, pflanzen um, was dann doch nicht so recht gefällt oder gedeiht, ergänzen Stauden von anderen Stellen, die dort zu groß und deshalb geteilt wurden. Dieses kreative Experimentieren macht Spaß, und letztendlich gilt: Erlaubt ist, was gefällt, auch bei der Farbzusammenstellung. Unerläßlich ist nur das Beachten der Standortansprüche der verwendeten Pflanzen. Ausfälle, z.B. durch Überwuchern konkurrenzschwacher Arten, lassen sich selbst in der streng durchkonzipierten Rabatte nicht vermeiden. Ohnehin sind Staudenpflanzungen, auch in geplanten Beeten, nie statisch, allmähliche Veränderungen sind stets inbegriffen. Trotz dieses Plädoyers für Spontanpflanzungen werden nachfolgend ein paar Leitlinien genannt, die sich sicherlich bei der Anlage von Beeten und Rabatten gewinnbringend umsetzen lassen.

Grenzgänger zwischen Licht und Schatten: Der anmutige Flor von gelbem Frauenmantel und violetter Glockenblume entfaltet sich bei zeitweiser Beschattung durch Gehölze am besten

Von Maßen und Pfaden

Für eine harmonische Wirkung sollte sich die Beetbreite nach der höchsten Staude richten; deren Wuchshöhe gibt die minimale Breite vor. Vielleicht sollte man eher von Tiefe sprechen; die seitliche Ausdehnung von Rabatten kann sich ja durchaus über etliche Meter erstrecken. Doch auch die Tiefe kann bei Rabatten 2–4 m betragen; Grenzen ergeben sich hier nur durch den zur Verfügung stehenden Platz und die Zugänglichkeit für Pflegemaßnahmen. Bei großen Beeten und Rabatten ist es sinnvoll, kleine Pflegepfade mit einzuplanen. Zum Rasen hin kann eine Reihe von Natur- oder großen Kieselsteinen die Rabatte säumen oder ein mit Rindenmulch bedeckter Pfad. Durch einen Weg mit festem Belag werden allerdings Beet- wie Rasenpflege deutlich erleichtert. Ebenso sollte man an den Zugang zu den Gehölzen im Hintergrund denken, vor allem bei Hecken, die regelmäßig geschnitten werden müssen.

Blütenfeste

Viele Stauden haben ihren Blütehöhepunkt im Sommer. Verläßt man sich nur darauf, ist das Beet während der restlichen Zeit wenig ansprechend. Pflanzenzusammenstellungen, die andererseits alles von Frühjahrs- bis zu Herbstblühern berücksichtigen, wirken oft gestückelt, vor allem in kleinen Beeten und schmalen Rabatten. Mal blüht hier was, mal blüht da was, eine eindrucksvolle Gesamtwirkung mag sich kaum einstellen. Besser ist es, auf zwei Blütenhöhepunkte im Jahr hinzuarbeiten, z.B. Frühsommer und Herbst oder Frühling und Hochsommer. In den blütenlosen Zeiten sorgen Arten mit schönem Blattwerk, Ziergräser oder kleine Gehölze für Schmuck. Natürlich spricht nichts dagegen, mit Zwiebelblumen eine dritte, zeitige Blühphase hinzuzufügen.

Man sollte sie dann jedoch nicht alle an den vorderen Beetrand stecken, sondern weitgehend so plazieren, daß sie nach dem Abblühen von den anderen Stauden verdeckt werden.

Leiten, begleiten, füllen

Für stimmige Pflanzenarrangements weist man den Gewächsen verschiedene Funktionen zu: Leitpflanzen sind höhere, besonders auffällige, langlebige, oft auch langblühende Stauden (z.B. Prachtspiere, Eisenhut oder Riesenglockenblume) oder Gehölze. Sie bestimmen das Gerüst der Pflanzung, werden einzeln oder in kleinen Gruppen zu zwei bis vier Exemplaren gesetzt. In Farbe und Form darauf abgestimmte, etwas kleinere Begleitstauden, etwa Gemswurz oder Jakobsleiter, unterstützen deren dominante Wirkung. Um die Pflanzungen der meist horstartigen Gewächse abzurunden, werden dazwischen und davor eher niedrige, flächig oder polsterähnlich wachsende Füllpflanzen gesetzt, wofür sich neben Stauden, z.B. Frauenmantel, auch Sommerblumen wie der Duftsteinrich anbieten. Leitpflanze, ein oder zwei Begleitarten und passende Füllpflanzen ergeben nun kleine Ensembles, die man am besten mehrmals auf der Fläche wiederholt. Wenn man zwei Blütehöhepunkte auf dem Beet haben möchte, sind zwei solcher Pflanzgruppen für verschiedene Jahreszeiten nötig; allerdings können auch sehr lang blühende Stauden oder Blattschmuckgewächse wie Funkien in beiden Jahreszeitenensembles denselben Part übernehmen.
Diese Gruppen muß man nun nicht scharf getrennt, eventuell noch in konzentrischen Kreisen um die Leitpflanzen oder in

rechteckigen Pflanzflächen nebeneinander, setzen. Die Anordnung kann im Verlauf der Rabatte vielfach variieren, die Begleitpflanzen lassen sich in länglichen Ovalen oder geschwungenen Bändern pflanzen, zwischen denen sich die Leitstauden erheben. Gräser oder Farne, hier und da in kleinen Gruppen eingestreut, lockern auf, neben blühenden Leitstauden kann auch ein schönes Gehölz, z.B. ein kleiner rotlaubiger Ahorn, für einen besonderen Blickpunkt sorgen.

Eine einfache Regel für die Anordnung ist die Höhenstaffelung; ähnlich wie beim Klassenfoto heißt es hier: „Die Großen nach hinten, die Kleinen nach vorn." Als Leitlinie ist das in Ordnung, denn alle Stauden sollen ja gesehen werden und etwas Sonne abbekommen. Doch sollte man dies – wie alle Gestaltungsprinzipien – nicht zu starr handhaben, es läßt sich ab und an mit Gewinn durchbrechen.

Farbenspiele

Mit Leitstaude und z.B. je zwei Begleit- und Füllpflanzen kann man schon kräftig in den Farbtopf greifen, zumal wenn es von den verwendeten Arten noch verschiedenfarbige Sorten gibt. Bunte Kombinationen heben sich vor dunklem Gehölz- oder Gebäudehintergrund sehr schön ab, für nicht ganz so schattige Plätze stehen schon mehrere Blüher in kräftigem Gelb und Rot zur Verfügung. Besondere Kontrast- und Leuchtwirkung entfaltet auch eine Rabatte, die ganz in Weiß gehalten ist. Gelb-weiße Zusammenstellungen, am Sonnenplatz nicht so überzeugend, sorgen hier ebenfalls gelungen für Aufhellung. Die schönen Blau- und Violettöne mancher Schattenstauden kommen vor dunkler Kulisse aus der Ferne nicht so gut zur

Geltung, unterstützen jedoch eine anheimelnde, vielleicht auch etwas geheimnisvolle Stimmung an Schattenplätzen. Gut passen hierzu rosa und weiße Blüten, beigesellte hellblättrige Arten durchbrechen die Düsternis. In Kontrasten mit kräftigem Rot oder Gelb, auf Sonnenbeeten sehr prägnant, kann das Blau an solchen Stellen etwas untergehen. Rosatöne sind in manchen Kombinationen etwas heikel. Im Verein mit leuchtendem Gelb müssen sie schon kräftig sein, mehr zu Pink oder Altrosa tendieren, um sich gut zu behaupten. Für viele Geschmäcker beißt sich Rosa mit Orange, Orangerot und Braunrot. Das ist auch zu bedenken, wenn rotlaubige Gehölze im Hintergrund eine dominierende Rolle spielen oder ins Beet integriert sind. Auch Blüten- und Fruchtfarben von Sträuchern oder der Anstrich von Mauern sollten bei der Rabattengestaltung unbedingt berücksichtigt werden.

Ordentlich gestaffelt und farblich gut abgestimmt: rosa Prachtspieren, gelbe Taglilien und Funkien

Steine im Schatten

Sonne, Sonne, Sonne – so lautet im allgemeinen das Patentrezept für den Steingarten. Tatsächlich sind ja die dem Gebirge entstammenden Pflanzen der Licht- und Energiequelle besonders nahe, was sie schon durch ihren meist kompakten, gedrungenen Wuchs anzeigen. Doch beschattete Steingartenpartien und absonnige Trockenmauerseiten haben auch in der freien Landschaft ihre Pendants, und so liefern Nordhänge, Gebirgsschluchten oder beschattete Steinbrüche einige Pflanzen, die selbst bei mäßigem Lichtgenuß gedeihen. Dies kann man sich bei der Ausgestaltung schattiger Hänge mit Steinen oder Trockenmauern zunutze machen, bei einer kleinen Steinanlage im Vorgarten oder einem Kiesbeet im Mauerschatten; bei Teilbeschattung des Steingartens erhöht sich der Spielraum für die Pflanzenauswahl, die Sonnenhungrigen erfahren eine schöne Ergänzung durch die „Mauerblümchen" des Schattens.

Prägende Steine

Das Gestein ist hier ein eigenes Gestaltungselement und muß mit Bedacht gewählt, mit Fingerspitzengefühl auf der Fläche verteilt und eingesetzt werden. Bunte Mischungen aus den verschiedensten Steinen sind nicht empfehlenswert, das gilt sowohl für die Gesteinsart als auch für Farbe und Form. Ein Durcheinander z.B. aus rötlichem, kantigem Bruchsandstein und hellen Flußfindlingen wirkt ... überhaupt nicht. Es empfiehlt sich, Steine aus der Umgebung zu nehmen; das paßt nicht nur besser, sondern senkt auch Aufwand und Kosten für den Transport, den manchmal die Lieferfirma übernimmt. Eine Steinanlage sollte ebenso wie eine Trockenmauer sorgfältig geplant werden; ratsam ist eine gründliche Beschäftigung

Ein schönes Beispiel für gelungene Steinplazierung und Ausnutzung des Kontrasts von Licht und Schatten, der sich mit Glockenblumen ausschmückt

mit spezieller Literatur oder auch das Hinzuziehen einer Gartenbaufirma. Grundsätzlich kann man das Ganze auf gutem, humosem Gartenboden anlegen, der keinesfalls zu naß oder gar staunaß sein darf. Je mehr man die Bepflanzung auf spezielle Gebirgsgewächse ausrichten will, desto mehr müssen mineralische Anteile eingebracht werden; in Form von grobem Schotter oder Kies in tieferen Bodenschichten, Sand, Feinschotter und Gesteinsmehl im Oberboden sowie gegebenenfalls einer Schotterauflage. Substrat für Fugen, Spalten und Trockenmauerkronen wird durch Zugabe von Splitt abgemagert. Einige Steingartengewächse haben spezielle pH-Wert-Ansprüche, können entweder nur im kalkhaltigen oder nur im kalkfreien Substrat gedeihen. Dies muß man sowohl bei den Erdmischungen als auch bei der Auswahl der Steine berücksichtigen.

Pflanzen im schattigen Steingarten

In den Steingarten oder in die direkte Umgebung paßt eine ganze Reihe größteils bereits beschriebener **Gehölze:** Japanischer Ahorn *(Acer japonicum* 'Aconitifolium')*, Berberitzen *(Berberis buxifolia* 'Nana'*, B. thunbergii)*, Bärentraube *(Arctostaphylos uva-ursi)*, Alpenwaldrebe *(Clematis alpina)*, Fächer- und Zwergmispel *(Cotoneaster horizontalis, C. praecox)*, Rosmarinseidelbast *(Daphne cneorum)*, Efeu *(Hedera helix)*, Johanniskraut *(Hypericum calycinum)*, Fingerkraut *(Potentilla fruticosa)*, kleine Rhododendren *(Rhododendron-Repens-Hybriden, R. ferrugineum, R. hirsutum)*, Zwergscheinzypresse *(Chamaecyparis pisifera* 'Nana')*, Kriechwacholder *(Juniperus horizontalis)*, Eiben *(Taxus baccata* 'Repandens'*, Taxus cuspidata* 'Nana')*.

Auch allerlei **Gräser** kommen für schattige Steingartenbereiche in Frage, z.B. Japansegge *(Carex morrowii* 'Variegata')*, Bärenfellschwingel *(Festuca gautieri)*, Schneemarbel *(Luzula nivea)*. Unter den **Farnen** seien hier vor allem die *Asplenium*-Arten erwähnt, die sich in Spalten und Mauerfugen ansiedeln lassen. Die nur 10 cm hohe Mauerraute *(Asplenium ruta-muraria)* paßt sehr gut an die absonnigen Seiten von Trockenmauern, ebenso die nur wenig größere Steinfeder *(A. trichomanes)*. Beide Arten vertragen kalkhaltiges Gestein. Anderen, wie Hufeisen-, Hirschzungen-, Tüpfel- und Rippenfarn, darf man auch im Steingarten nur kalkfreie Stellen anbieten. Und natürlich brauchen sie auch hier genügend Feuchtigkeit. Das gilt ebenfalls für die meisten schattenverträglichen **Blütenstauden,** die anders als die sonnenhungrigen Steingartenpflanzen keine längeren Trockenphasen ertragen.

Steingartenstauden für schattige Plätze			
Deutscher Name	**Botanischer Name**	**Wuchshöhe**	**Blüte**
Glockenblumen (k)	*Campanula garganica, C. portenschlagiana, C. poscharskyana*	15 cm	hellblau bis hellviolett, VI–VIII
Goldtröpfchen (k)	*Chiastophyllum oppositifolium*	20 cm	gelb, VI–VII
Lerchensporn	*Corydalis lutea*	25 cm	gelb, V–IX
Zimbelkraut	*Cymbalaria muralis*	10 cm	violett, VI–IX
Bitterwurz (kf)	*Lewisia cotyledon*	20 cm	weiß-rosa, VI–VIII
Knöterich	*Polygonum affine*	20 cm	tiefrosa, VIII–IX
Alpenaurikel (k)	*Primula auricula*	10 cm	gelb, IV–VI
Kugelprimel	*Primula denticulata*	30 cm	rötlich, weiß, III–IV
Moossteinbrech	*Saxifraga-Arendsii*-Hybriden	20 cm	rot, rosa, weiß, gelb, V
Rosettensteinbrech (kf)	*Saxifraga cotyledon*	50 cm	weiß, rosa, V–VI
Teppichmoossteinbrech	*Saxifraga hypnoides*	5 cm	weiß, V–VI
Wulfenie (kf)	*Wulfenia carinthiaca*	30 cm	blau, VI–VIII

k = kalkhaltiger Boden; kf = kalkfreier Boden

Wasser im Schatten

Ganz ähnlich wie der Steingarten ist der typische Gartenteich auf Sonne abonniert, wenn auch im günstigsten Fall durch Mittagsschatten unterbrochen. Doch auch da, wo das Sonnenlicht mehrere Stunden am Tag gedämpft ist, muß man nicht unbedingt auf den schönen Anblick von Wasser im Garten verzichten. Sicher, an den herrlichen Büten der Seerosen-Hybriden kann man sich dort nicht erfreuen, und auch manch andere beliebte Wasserpflanze kapituliert bei mangelndem Lichtgenuß. Doch selbst bei den Seerosen gibt es mit 'Weiße Alpina' und 'Rosennymphe' zwei Ausnahmen, die auch im Halbschatten ihre Blüten entfalten. Und im noch stärkeren Schatten können Gelbe Teichrose oder Zwergmummel *(Nuphur lutea, N. pumila)* den Blütenpart auf der Wasserfläche übernehmen. Weitere gut schattenverträgliche **Schwimmblatt-** beziehungsweise **Schwimmpflanzen** sind Froschbiß *(Hydrocharis morsus-ranae)*, Wasserknöterich *(Polygonum amphibium)* und Wasserlinsen *(Lemna*-Arten). Von den letzteren leben einige vorwiegend unter der Oberfläche, tragen teils zur Wasserklärung bei. Obwohl der Algendruck an vollsonnigen Standorten im Sommer stärker ist, sollte man auch im Schatten an **Unterwasserpflanzen** denken, die das Naß klären, mit Sauerstoff anreichern und Algenwuchs hemmen, z.B. Pillenfarn *(Pilularia globulifera)* oder Wasserfeder *(Hottonia palustris)*.
Den beschatteten **Flachwasser- und Sumpfbereich** können z.B. folgende Pflanzen zieren: Kalmus *(Acorus calamus)*, Blumenbinse *(Butomus umbellatus)*, Sumpfdotterblume *(Caltha palustris)*, Tannenwedel *(Hippuris vulgaris)*, Sumpfschwertlilie *(Iris pseudacorus)*, Blaugrüne Binse *(Juncus inflexus)*, Fieberklee

(Menyanthes trifoliata), Pfeilkraut *(Sagittaria sagittifolia)*, Igelkolben *(Sparganium-*Arten), Bachbunge *(Veronica beccabunga)* sowie der besonders lichtgenügsame Blutweiderich *(Lythrum salicaria)*. Eine Spezialität, die im Halbschatten besonders gut gedeiht, ist die Scheincalla *(Lysitichon americanus)*.
Am schattigen **Teichrand** beziehungsweise in nächster Umgebung schließlich lassen sich zahlreiche der bereits beschriebenen Stauden einsetzen, z.B. Aronstab, Schachbrettblume, Greiskräuter, das imposante Schaublatt, die äußerst vielseitigen Bergenien und Günsel, Farne, fast alle beschriebenen Gräser und natürlich Primeln in unzähligen Arten und Wuchsformen.
Dazu kommen als typische Wasserbegleiter im Halbschatten Mädesüß *(Filipendula vulgaris)*, Bachnelkenwurz *(Geum rivale)*, Pfennigkraut *(Lysimachia nummularia)*, Bachminze *(Mentha aquatica)*, Gaukler-

■ *Auch wenn der Teichrand etwas schattig sein sollte, kann der Blutweiderich mit seinen Blüten überzeugen*

blume *(Mimulus luteus, M.*-Hybriden), Sumpfvergißmeinnicht *(Myosotis palustris)*, Trollblume *(Trollius europaeus, T. chinensis)* und Sumpfveilchen *(Viola palustris)*, um nur einige zu nennen.

Kleiner Bach mit großer Wirkung

Bei manchen der obengenannten weist bereits der Name darauf hin, daß sie sich an einem Bachlauf besonders wohl fühlen. Tatsächlich ist ein kleines Fließgewässer, durch Teichfolie abgedichtet und mit sanftem Gefälle angelegt, eine Zierde für jeden Garten. Dabei befördert eine Pumpe das Wasser aus dem Teich stetig zur Bachquelle, von dort fließt es, mit Sauerstoff angereichert, in den Gartenteich zurück. Besonders günstig ist ein Bachverlauf durch schattige Gartenteile, der Rückfluß kühleren Wassers bewahrt einen in der Sonne gelegenen Teich vor starker Erwärmung an heißen Sommertagen. Gleichzeitig sorgt der Bach im Gehölz- und Mauerschatten für erhöhte Luftfeuchtigkeit, was dort den Gewächsen zugute kommt. Allerdings sollte man bei einem Verlauf zwischen Laubgehölzen Vorkehrungen treffen, damit sich der Bach nicht mit herabfallenden Blättern zusetzt oder diese in den Gartenteich schwemmt.

Im Mauerschatten

An dunklen Bereichen vor Gebäudewänden oder Begrenzungsmauern läßt sich grundsätzlich all das umsetzen, was bereits beschrieben wurde, von Rabatte und Beet über aufgelockerte Stauden- oder Strauchpflanzungen und Einsatz von Solitärgehölzen bis hin zur reinen Bodendeckerlösung.

Geschützt und berankt

Bei genügend Bodenfeuchte gibt es hier noch weniger Einschränkungen als im Gehölzschatten, da die Konkurrenz flachwurzelnder Schattenwerfer entfällt und solche Plätze häufig warm, wind- und frostgeschützt sind. Unter diesen Bedingungen gedeihen manche Arten besonders gut, z.B. Krötenlilie *(Tricyrtis hirta)*, Alpenveilchen *(Cyclamen)*, Adonisröschen *(Adonis amurensis)*, Pfauenradfarn *(Adiantum pedatum)*, Rotschleierfarn *(Dryopteris erythrosora)*, ebenso Rhododendren, Hortensien und Freilandkamelien, wenn man entsprechende Boden-pH-Werte bereitstellen kann.

Allerdings unterbleibt im Mauerschatten die Humusnachlieferung durch Fallaub; gute Kompost- und Mulchversorgung ist deshalb besonders wichtig. Einfacher als zwischen Gehölzen läßt sich hier eine Gründüngung, z.B. mit Senf, durchführen. Das abgestorbene Pflanzenmaterial und die Wurzeln verbessern Bodenstruktur und Humusgehalt, so daß Stauden auf vorbereiteten Flächen bessere Bedingungen finden.

Schließlich kommt im Gebäudeschatten noch eine weitere Gestaltungsmöglichkeit hinzu: schattenverträgliche Klettergehölze oder die Staudenwicke *(Lathyrus latifolius)* können Wände und Mauern zieren, wozu meist ein Klettergerüst nötig ist. Hiervon macht unter den Schattenspezialisten nur Efeu eine Ausnahme. Angeblich können seine Haftwurzeln intaktem Putz nichts anhaben, doch viele Hausbesitzer berichten von ganz anderen Erfahrungen. Im Zweifelsfall sollte man ihn besser an Rankgerüsten hochziehen oder zum Verschönern unansehnlicher Begrenzungsmauern verwenden.

Trockene Plätze

Mit den genannten Bodenverbesserungsmaßnahmen läßt sich auch aus trockenem Mauerschatten ein besserer Pflanzenstandort machen; der bereits erwähnte Einsatz eines Bachlaufs oder eines Wasserspiels sorgt für höhere Luftfeuchtigkeit. Trotzdem wird man so nicht unbedingt Pflanzflächen erhalten, an denen Gewächse des Gehölzlebensraums ohne besondere Pflege gedeihen. Es kann einfacher und auf Dauer erfolgversprechender sein, wenn man die Bepflanzung auf die gegebenen Verhältnisse abstimmt und Arten das Feld überläßt, die auch mit Trockenheit zurechtkommen.

Unter den Gehölzen wären hier vor allem Berberitzen und *Cotoneaster*-Arten zu nennen, auch Haselnuß *(Corylus avellana)*, Tatarische Heckenkirsche *(Lonicera tatarica)* und Felsenbirnen *(Amelanchier)* vertragen trockenen Stand ganz gut. Trockenheitstolerante Stauden sind Frauenmantel *(Alchemilla mollis)*, Bergenien, Glockenblume *(Campanula persicifolia, C. glomerata)*, Storchschnabel *(Geranium*-Arten), Wolfsmilch *(Euphorbia robbiae)*, Günsel *(Ajuga reptans)*, Steinsame *(Buglossoides purpurocaerulea)*, Bitterwurz *(Lewisia cotyledon)* und Teppichsedum *(Sedum spurium)*.

Bei den letztgenannten Arten handelt es sich um typische Steingartenvertreter, und es ist sicher keine schlechte Idee, trockenen Mauerschatten in Richtung Steingarten zu gestalten. Vielleicht mag man sich auch nur auf eine größere Fläche aus hellen Kieseln beschränken, die von geeigneten Pflanzen unterbrochen wird. Der Dränagebereich um Hauswände ist ohnehin oft mit einer Kiesschicht abgedeckt, die man auf diese Weise verlängert. Da man hier allerdings weder hacken noch mulchen kann, ist so eine Gestaltung untrennbar mit häufigem Jäten verbunden. Nicht

Rosenflor an schattigen Wänden: Kletterrose 'Golden Showers'

zuletzt kann man sich bei schlechten Bodenverhältnissen im Mauerschatten mit Pflanzgefäßen behelfen, neben schattenverträglichen Sommerblumen und Stauden sind auch Nadel- und Laubgehölze in großen Kübeln einsetzbar.

Mauern rundum: der Innenhof

Der Einsatz von Töpfen und Kübeln verhilft häufig auch in Innenhöfen zu Pflanzen- und Blütenpracht. Die kleinklimatischen Verhältnisse in ummauerten Höfen sind denen im Gebäudeschatten ja zumeist sehr ähnlich – in der Regel geschützt, warm, oft trocken. Wenn sich die Gartenaktivitäten zwangsläufig auf die Hofbegrünung beschränken müssen, wird man eher bereit und zeitlich in der Lage sein, Regenschatten mit Gießkanne oder auch einem Bewässerungssystem auszugleichen. Insofern muß man nicht unbedingt nur auf trockenheitsverträgliche Pflanzen zurückgreifen.

Wenn es möglich ist, den Hofbelag in Teilen zu entfernen, kann man nach Einfül-

Der mobile Schattengarten

len geeigneter Pflanzerde natürlich alle Register ziehen: Schattenbeete und -rabatten, Kletterpflanzen oder auch schattenverträgliche kleine Bäume und Sträucher, die für ein angenehmes Kleinklima sorgen. Eine andere Lösung, die den Bodenbelag heil läßt, sind Hochbeete, gemauert oder aus druckimprägnierten Kanthölzern oder Schwellen errichtet, die man durch Einlegen einer Folie vor Fäulnis schützt. Bei 60–100 cm Füllhöhe für Erde finden hier schon die Wurzeln von allerlei Pflanzen Platz. Auf ähnliche Weise ist sogar die Anlage eines Hochteichs möglich, besonders sorgfältige Abdichtung und Verarbeitung der Folie vorausgesetzt.

Da man in den eben beschriebenen Fällen ohnehin mit ganz neuer, meist zugekaufter Pflanzerde arbeitet, bietet es sich an, auch einmal über Gewächse mit speziellen Bodenansprüchen nachzudenken und gleich entsprechendes Substrat aufzufüllen. Ein kleines Schattensteingärtchen ist ebenso denkbar wie eine „saure Ecke" für Hortensien, Rhododendren oder Kamelien.

▮ *Kann man den Innenhof nicht dauerhaft begrünen, bieten Pflanzgefäße mit Hortensien & Co. eine hübsche Alternative*

Wo man früher schlicht von Pflanzgefäßen und Kübeln sprach, erweckt heute das Schlagwort vom mobilen Garten charmantere, reizvollere Assoziationen. Für Mobilität, auch bei großen Gefäßen, bietet der Fachhandel spezielle Transporthilfen an, und das Sortiment an hübschen Töpfen weitet sich ebenso stetig aus wie das Angebot an Pflanzen für die Haltung in Behältnissen jeglicher Art. Immer häufiger findet diese Form der Pflanzenkultur ihren Weg in den Garten, und dort gibt es gerade an schwierigen Standorten gute Einsatzmöglichkeiten für mobile Gewächse. Die klassischen Verwendungsbereiche sind jedoch Balkon, Terrasse und Hof. Bei nordorientierten oder beschatteten Balkonen und absonnigen Terrassen wie Höfen bieten sich zunächst die auf den Seiten 72–74 genannten **Sommerblumen** an, von denen fast alle auch mit Balkonkästen, Schalen oder – als hängende Formen – mit Blumenampeln vorliebnehmen. Bei starkem Schatten bleibt allerdings die Auswahl mit Begonien, Fuchsien und Neu-Guinea-Impatiens recht klein. Doch lassen sich allerlei **Stauden,** in kleinwüchsigen oder speziell für Topfkultur gezüchteten Sorten, hinzugesellen, z.B. Funkien und Farne, Lungenkraut, Prachtspiere, Akelei, Duftveilchen oder Taubnessel. Winterhart sind sie dann allerdings bei ungeschütztem Wurzelbereich nicht mehr. Sofern man nicht im Herbst den Topf bis zum oberen Rand in der Gartenerde eingräbt, muß man sie drinnen kühl, aber frostfrei überwintern.

Somit ähneln sie in der Behandlung „echten" **Kübelpflanzen,** bei denen es sich um Gehölze oder Stauden aus wärmeren Regionen handelt, die nur den Sommer im Freien verbringen können. Mehrere beliebte Pflanzen aus dieser Gruppe gedei-

hen noch im Halbschatten, so z.B. Engelstrompete *(Datura)* und sogar die Agave.
Hier seien nur Arten aufgeführt, die direkte Sonne nicht mögen beziehungsweise
sich als besonders schattenverträglich
erwiesen haben: Aukube *(Aucuba japonica),* Kamelie *(Camellia japonica, C.-Wil-
liamsii*-Hybriden), Sperrstrauch *(Cleyera
japonica),* Palmfarn *(Cycas revoluta),* Zim-
meraralie *(Fatsia japonica),* Fuchsienhochstämmchen. Lorbeer *(Laurus nobilis)* und
Neuseeländer Flachs *(Phormium tenax)*
schließlich vertragen Schatten wie Sonne.
Daneben können natürlich auch viele
dem Schatten zugeneigte **Gartengehölze**
in kleinwüchsigen Formen Töpfe und

Kübel zieren, z.B. Rhododendren, Hortensien, Buchsbaum, Fingerkraut, Warzen-
berberitze oder Zwergeibe. Und der allge-
genwärtige Efeu kann sowohl aus dem
Topf hervorklimmen wie auch als hängende Balkonpflanze eine gute Figur machen.
Zu guter Letzt: der Kräuterkasten auf dem
Balkon, der Miniteich im Kübel auf der
Terrasse, der Steingartentrog im Innenhof
– fast alles, was im beschatteten Garten
möglich ist, läßt sich mit entsprechenden
Pflanzen „en miniature" auch in Pflanzgefäßen ausprobieren.

■ *Die Engelstrompete bringt auch im Halbschatten ihre gewaltigen Blüten hervor, Fuchsien
darf man noch etwas mehr Dunkelheit zumuten*

Im FALKEN Verlag sind zahlreiche Titel zum Thema „Garten" erschienen.
Bitte fragen Sie in Ihrer Buchhandlung.

Dieses Buch wurde auf chlorfrei gebleichtem und säurefreiem Papier gedruckt.

Die Deutsche Bibliothek – CIP-Einheitsaufnahme

Mayer, Joachim: Der schattige Garten : Anlegen, Gestalten, Bepflanzen /
Joachim Mayer. – Niedernhausen/Ts. : FALKEN, 1997
  ISBN 3-8068-1777-4

ISBN 3 8068 1777 4

Redaktion: Dr. Sigrun Künkele
Herstellung: Petra Becker
Titelbild: Reinhard-Tierfoto, Heiligkreuzsteinach-Eiterbach
Rücktitel: Manfred Ruckszio, Taunusstein
Fotos: FALKEN Archiv/hapo: 42 l., 45 u./Gerhard Röhn: 41 u., 43 r., 50, 62 r., 67, 80; Eber-
hard Morell, Dreieich: 6, 16 r., 21, 23 l., 84, 91; Reinhard-Tierfoto, Heiligkreuzsteinach-
Eiterbach: 1, 2, 3, 7, 9, 10, 11, 12, 13, 14, 15, 22, 23 r., 29, 30, 31, 34, 40 (2x), 41 l.,
41 r.o., 42 r., 43 l., 45 o., 45 M., 46, 49 (2x), 51, 54, 56, 60, 61, 62 l., 63 (2x), 71, 72,
78, 79 (2x), 80, 81, 87, 92, 93; Wolfgang Redeleit, Bienenbüttel: 86; Manfred Ruckszio,
Taunusstein: 16 l., 20, 53 (2x), 55, 69, 73, 75, 77, 83, 89; Max F. Wetterwald, Offenburg:
4, 5, 25, 28
Zeichnungen: FALKEN Archiv/Horst Lünser: 37/Gerhard Scholz: 18, 36/Erik Stegeman:
33, 58; Ulrike Hoffmann, Bodenheim: 26

Die Ratschläge in diesem Buch sind von dem Autor und vom Verlag sorgfältig erwogen und
geprüft, dennoch kann eine Garantie nicht übernommen werden. Eine Haftung des Autors
bzw. des Verlags und seiner Beauftragten für Personen-, Sach- und Vermögensschäden
ist ausgeschlossen.

Gesamtkonzeption: FALKEN Verlag, D-65527 Niedernhausen/Ts.

817 2635 4453 6271